교사의 하루는 아이의 내일이 된다

교사의 하루는 아이의 내일이 된다
22년 차 교사가 쓰는 학교라는 작은 세상 이야기

초 판 1쇄 2025년 11월 27일

지은이 박선미
펴낸이 류종렬

펴낸곳 미다스북스
본부장 임종익
편집장 이다경, 김가영
디자인 임인영, 윤가희
책임진행 안채원, 이예나, 김요섭, 김은진, 국소리

등록 2001년 3월 21일 제2001-000040호
주소 서울시 마포구 양화로 133 서교타워 711호
전화 02) 322-7802~3
팩스 02) 6007-1845
블로그 http://blog.naver.com/midasbooks
전자주소 midasbooks@hanmail.net
페이스북 https://www.facebook.com/midasbooks425
인스타그램 https://www.instagram.com/midasbooks

ⓒ 박선미, 미다스북스 2025, *Printed in Korea*.

ISBN 979-11-7355-604-3 03810

값 18,000원

※ 파본은 구입하신 서점에서 교환해드립니다.
※ 이 책에 실린 모든 콘텐츠는 미다스북스가 저작권자와의 계약에 따라 발행한 것이므로 인용하시거나 참고하실 경우 반드시 본사의 허락을 받으셔야 합니다.

미다스북스는 다음세대에게 필요한 지혜와 교양을 생각합니다.

교사의 하루는 아이의 내일이 된다

박선미

추천의 글

"교사의 오늘이 아이의 내일이 된다."라는 말은 교육 현장의 진리를 한 문장으로 압축한 표현입니다. 이 책은 교사가 하루하루 쌓아가는 사랑과 헌신이 한 아이의 인생을 세운다는 사실을 감동적으로 보여줍니다. 저자는 교직의 길을 단순한 직업이 아닌 '사람을 빚어가는 사명'으로 바라보며, 수업 한 시간, 눈 맞춤 한 번, 따뜻한 격려 한마디가 아이의 미래를 바꿀 수 있음을 깊이 있게 들려줍니다. 오랜 세월 교육 현장을 지켜본 선배 교육자의 눈으로 볼 때, 이 책은 오늘의 교사들에게 초심을 일깨워 주는 거울이자, 지식보다 사랑을, 성과보다 성장을, 가르침보다 관계를 우선하는 참된 교육의 의미를 되새기게 합니다. 우리의 교실이 다시 '희망의 자리'가 되기를, 그리고 모든 교사가 '아이의 내일을 빚는 사람'으로 서기를 소망하며, 교육의 사명을 품은 모든 교사에게 이 책을 진심으로 추천합니다.

박종진 전 영주교육지원청 교육장

아침 시간 아이들과 맨발 걷기를 하며 마음을 나누는 마동숙 선생님. 22년간 교실이라는 삶의 현장의 이야기들이 이 책 속에서 살아 움직입니다. 아이들의 눈물 바람과 순수한 사랑 고백, 그리고 때로는 공격적이고 방어적인 학부모와의 힘겨운 대화 속에서 교사가 감당하는 무게와 그럼에도 불구하고 아이들과 함께 자라나는 경이로운 성장을 목격하게 될 것입니다. 만약 당신이 교육 현장의 현실을 이해하고 싶거나, 성장이란 완성이 아닌 '함께 자라나는 여정'임을 깨닫고 싶다면, 이 책을 통해 용기와 위로를 얻게 될 것입니다. 교직을 처음 시작하는 선생님들에게는 앞으로 살아내야 할 교사의 삶의 모습을 엿볼 수 있는 소중한 책입니다.

엄유심 수원 중앙기독초등학교 교장

오늘도 매일 마주하는 아이들의 눈빛, 하나하나의 질문, 그리고 당신이 건네는 작은 말 한마디가 모두 의미인 교실에서 하루를 보내고, 끝나지 않은 업무와 회의 사이에서 잠시 숨을 고르는 교사라는 이름의 당신에게 이 책을 건넵니다. 이 책을 처음 펼쳤을 때, 마치 나의 하루를 누군가 다정하게 기록해 둔 느낌이 들었습니다. 교실의 소란함, 아이들의 웃음, 학부모들의 기대감 속에 때로는 버겁고 때로는 벅찬 감동들이 문장 하나하나에 생생하게 살아 있습니다. 아이들의 오늘이 누군가의 내일이 되듯, 당신이 오늘 교실에서 씨앗을 뿌리는 그 순간이 아이들의 미래로

이어집니다. 아이들에게 세상을 가르치는 일, 그보다 더 아름다운 사명은 없기에 이 책을 모든 교사에게, 그리고 교사가 되고자 하는 이들에게 따뜻한 마음으로 추천합니다.

김상희 대전 송림초등학교 교사

큰 고비를 넘긴 나의 삶이 아물어갈 즈음 이 책을 읽었습니다. 작가는 지금 내가 살아가고 있는 삶이 덕지덕지 자기애와 자기연민으로 포장되어 있음을 거울처럼 보여주었습니다. 대부분의 교사는 처음에는 학생들을 자신의 생명처럼 사랑하겠다는 뜨거운 열정과 각오를 가지고 교실 속으로 뛰어듭니다. 그러나 그 초심은 이내 교육 현실의 장벽에 부딪혀 자기도 모르게 희미해지고 교사는 어느덧 세상속에서 적당히 타협하는, 삶의 못된 지혜를 배워갑니다. 마음속 '두 마리 늑대'에서 보듯 하루하루 교실 속에서 두 마리 늑대 사이에서 혼란스러워 합니다. 애써 안 그런 척 무덤덤하게 살아가는 현실 속에서 작가의 티 내지 않는 약자에 대한 세심하고 정제된 배려, 선을 넘나드는 아이들의 격한 분노 앞에서 특유의 공감력으로 무장된 사랑의 기술들이 겉멋만 잔뜩 든 나의 삶을 한없이 되돌아보게 합니다. 교육의 기본만은 무너뜨리지 않겠다며 외로운 사투를 벌이며 고뇌했던 그녀의 삶을 대하니 갑자기 눈물이 왈칵 쏟아졌습니다. 끊임없이 아이의 눈높이로 내려와 사랑하려는 그녀의 몸부림을 보며 교사로서의 나의 모습에 부끄러움을 느끼게 됩니다. 하지만 얼마나 다행입니까? 고맙게도 이 책은 감동을 넘어 독자가 다시금 처음으로 돌아갈 회복의 용기를 묵직하게 선물합니다.

김혜숙 화성 제암초등학교 교사

책을 읽는 동안 선배 교사와 차를 마시는 느낌으로 그렇게 편안하게 읽어 내려갑니다. 저자의 마음이 교단에 서서 웃었다 울었다, 예뻤다 미웠다, 후회했다 뿌듯했다, 하루에도 몇 번씩 오락가락 하는 제 마음과도 맞닿아 있어서 웃음이 나오기도 하고 눈시울이 붉어지기도 했습니다. 저는 장애 학생을 지도하는 특수 교사이기에 고민하는 부분은 조금 다르지만 서로 다름을 인정하고 존중하려 애쓰며 선배 교사가 그녀의 교실에서 적어 내려간 한 줄 한 줄의 고백들을 저를 비롯한 새내기 선생님들에게 들려드리고 싶습니다. 저의 교사로서의 시간을 돌아보게 해 주신 이 한 권의 책을 선생님들께 권합니다. 차 한잔 마시며 함께 읽어 보실래요?

김주영 대전 혜광학교 특수 교사

이 책은 교실이라는 작은 세상 속에서 아이들과 함께 울고 웃으며 성장해 온 한 교사의 진솔한 기록이다. 매일 반복되는 수업과 생활지도 속에서도 아이 한 명 한 명의 마음을 어루만지려는 교사의 따뜻한 시선이 글 곳곳에 묻어 있다. 단순한 교직 수필이 아니라, 아이들과 함께 배우고 성장하는 '삶의 이야기'로 읽히며, 교육이란 결국 사람과 사람의 만남에서 비롯된다는 사실을 다시금 깨닫게 한다. 특히 이 책은 교사와 학부모가 서로 다른 위치에서 같은 목표를 향해 나아가는 '동반자'임을 일깨워 준다. 교실에서의 진심 어린 경험담을 통해, 아이의 성장을 위해 교사와 학부모가 신뢰를 회복하고 협력할 때 교육이 비로소 온전해진다는 메시지를 전한다. 서로를 이해하고 손잡을 용기를 주는 이 책을 모든 학부모와 교사에게 진심으로 추천한다.

박영옥 용인 신봉초등학교 교사

　학교는 아이들만 성장하는 곳이 아니었습니다. 2월의 설렘부터 학년 내내 이어지는 고군분투까지, 22년 경력 교사의 눈물과 땀, 성장이 고스란히 담긴 이 글을 읽으며 교실 속 선생님의 진짜 하루를 비로소 마주했습니다. 미사여구 없이 담담한 어조로 써내려 가는 교단일지는 때로는 따뜻한 위로를, 때로는 따끔한 깨달음을 독자에게 전합니다. 그리고 선생님도 아이도 학부모도 결국 학교라는 울타리 안에서 서로에게 기대어 함께 성장하는 존재임을 깨닫게 합니다.

임정임 수필가

　이 책을 읽으면서 어머니로서의 나 자신을 돌아보며 아이들에게 쏟은 나의 사랑은 어떠했나를 생각해 보게 되었습니다. 사랑이 아름다운 것이지만 모든 사랑이 사랑받는 대상을 성장하게 해주지는 않는다는 것을 다시금 깨닫게 되었습니다. 자식이 행복하기만 바라는 맹목적인 사랑은 얼마나 위험한 것인지요! 이 책은 읽는 이들에게 아이를 성장하게 하는 사랑, 지혜로운 사랑의 방법에 대해 고민하게 합니다. 개인적으로 저의 사랑의 방법과 목적을 재점검하고 새로이 다짐하는 계기가 되었습니다. 저자의 의도는 아니었겠지만, 덕분에 아이들의 시선으로 내려가 그들의 눈을 빌려 그들의 세상을 볼 수 있는 기회가 된 것 같아 반가웠습니다. 아이들의 목소리와 눈빛이 생생하게 느껴지는 교단일기 속에서 잠시동안 아이들의 신을 신고 서 있게 해주어 고마운 마음입니다. 혼란한 오늘을 살아가는 우리에게 작은 교실에서 고민하고 좌절하고 일어서는 저자의 몸부림이 위로가 됩니다. 그 몸부림은 다름 아닌 사랑의 몸부림이기 때문입니다. 책을 읽는 내내 사랑하며 살기 위해 고군분투하는 선생님과 어리지만 존중과 배려를 몸으로 배워가는 아이들의 모습이 얼마나 든든한 위로가 되었는지 모릅니다. 모든 선생님이 이 책을 읽었으면 좋겠습니다. 모든 아버지와 어머니들이 이 책을 읽었으면 좋겠습니다.

박미영 두 아이의 엄마

프롤로그

 배우 마동석을 아는가? 마동석은 힘이 천하장사에다가 악당들을 한 방에 때려잡는 만능 해결사, 슈퍼히어로 캐릭터다. 우리 반 아이들은 나를 마동숙(여자 마동석)이라 부른다. 나는 마동숙이라는 이름을 좋아한다. 딸이 지어준 이름이기도 하거니와 교실 속 아이들이 좋아라 한 이름이기도 하다. 학교에는 수많은 동숙이 존재한다. 아니 동숙보다는 명숙이 흔한 이름이긴 하지만…. 박명숙, 이명숙, 신명숙, 강명숙 등 수많은 명숙들이 아이들을 가르치며 살고 있다. 학교는 그 많은 명숙들의 수많은 이야기가 차곡차곡 쌓이는 곳이다. 그 안에 웃음과 눈물과 치열한 분투가 있다. 교사의 삶을 기록하며 깨닫게 되는 것은 교사의 삶과 아이의 삶이 다르지 않다는 것이다. 교사의 삶이 아이의 삶이고 아이의 삶이 곧 교사의 삶이다. 학교 안에서 교사와 아이는 서로 깊이 연결되어 서로에게 영향을 주고받는 존재라는 것을 새삼 마주하게 된다.

> 모든 사람이 인정하듯 학교는 교사와 학생의 배움의 공간이자 삶의 공간이다. … 행복하지 못한 공간에서 행복을 배울 수 없고, 민주적이지 못한 삶의 공간에서 민주주의를 배울 수 없다.
>
> - 권재원 외, 『학교, 회복을 담다』 중에서

아이를 가르치는 것은 두려운 일이다. 아이들은 교사의 말뿐만 아니라 행동을 보고도 배우기 때문이다. 내가 교사가 된 것은 고등학교 2학년 때 담임 선생님 때문이었다. 학교에서 한마디도 하지 않을 정도로 수줍고 소극적인 나에게 독일어 선생님이었던 담임 선생님은 독일어 'gegen'을 설명하라고 했고, 나는 이러쿵 저러쿵 설명하다가 영어의 'against'와 비슷하다고 말했다. 독일어 수업을 마치고 선생님은 나에게 "너는 꼭 교사가 되라."라고 한마디 하셨다. 그 오래된 일을 나는 지금까지 생생하게 기억하고 있다. 나도 잘하는 무엇인가가 있다고 선생님께서 인정해주신 것 같은 뿌듯함이 나를 지금 교사의 자리로 이끈 것이 아닐까? 교사의 말 한마디, 눈빛 하나로 아이의 인생이 달라질 수 있다는 것을 생각하면 교사가 된다는 것은 무겁고도 두려운 마음이다.

책에 쓰인 일화는 어떤 특정 시기의 일이라기보다는 교직 생활을 하면서 경험한 일들을 틈틈이 적은 것이다. 이야기 속에 등장하는 아이들의 이름은 모두 유명 연예인의 이름이다. 이 아이들이 미래에 어떻게 될지 우리는 알 수 없다. 그들은 훗날 아이유가 되고 손흥민이 되고 BTS가 되고…. 각자의 자리에서 제 몫을 든든히 해내는 멋진 어른이 될 것이다. '얼마나 크게 될지 나무를 베면 알 수가 없다'는 노랫말처럼 아이들이 얼마나 크게 될지 어떻게 알겠는가? 지금의 존재 자체로 소중하고 충분한 우주의 별들이 아닌가? 그들은 모두 이미 스타(STAR)다. 나는 박노해의 시인의 「너의 때가 온다」라는 시를 좋아한다. 시인은 작은 솔씨 하나에 아름드리 금강송이 들어 있다고 말한다. 작은 도토리 한 알에도 그 안에 우람한 참나무가 들어 있다고 노래한다. 시인의 말처럼 지금은 그저 어린아이지만 그 안에 우리가 모르는 어마어마한 가능성과 잠재력이 있음을 나는 안다. 그들은 지금, 작지만 이미 크다. 그들의 때가 오고 있는 것이다. 씨앗이 자라는 그 현장에 함께 있음이 가슴 벅차다.

너는 작은 보리 한 줌이지만
네 안에는 푸른 보리밭이 숨 쉬고 있다

- 박노해, 「너의 때가 온다」 중에서

이 책의 1장에는 교사의 삶을 실었다. 많은 부모님들이 '우리 아이의 선생님은 어떤 생각을 할까, 어떤 눈으로 아이들을 볼까?' 궁금할 것이다. 부끄럽지만 용기 내어 교사로서의 나의 마음을 열어 보이려고 한다. 학교의 일상 속에서 갈등하는 동숙의 삶을 통해 우리 아이들의 선생님,

그들의 희로애락을 엿볼 수 있으리라 기대한다.

  2장에서는 아이의 삶을 그려보았다. 하루의 대부분을 보내는 학교에서 아이들은 수업종이 울리면 수업하고, 쉬는 종이 울리면 쉬고, 종소리에 따라 움직인다. 다람쥐 쳇바퀴 돌 듯 지루한 일상이지만 그 속에서 아이들은 울고 웃는다. 학교가 없다면 아이들이 가장 좋아하겠지만 가장 슬퍼할 이도 아이들일 것이다. 나는 이 책을 읽는 독자들이 행간에 숨어 있는 아이들의 숨소리, 울음소리, 웃음소리를 함께 들었으면 좋겠다. 그들의 사랑스러움을 느꼈으면 좋겠다.

  3장에서는 교육 철학이라 말하기에는 부끄러운, 교육에 대한 나의 생각을 실었다. 아이들을 보내고, 학교 업무를 마치고 텅 빈 교실에서 떠오른 생각들, 방학 중 연수를 하며 긁적여 놓은 글들이다. 독자들 가운데에는 생각이 다른 분들이 있을 수도 있겠다. 그저 '이런 생각도 있구나.' 하는 너그러운 마음으로 가볍게 받아들여 주었으면 좋겠다.

  4장에서는 끝에 학부모 통신을 실었다. 학부모님께 드리는 글이다. 1년 동안 학급경영을 하며 학급의 소소한 일상을 적어 학부모님께 보내드렸다. 솔직하게 말하자면 학부모의 반응이 적잖이 신경 쓰이기도 하였다. 그러나 학부모와 교사는 아이의 성장을 보며 함께 고민하고 함께 기뻐하는 존재이다. 나는 학부모님들께 학교생활의 이모저모를 알리고 학부모와 협력하여 아이의 성장을 돕고 그 기쁨도 함께하고 싶었다. 학부모의 신뢰는 아이들을 가르치는 교사에게 강력한 힘이 된다. 학부모의 신뢰와 지지 속에서 교사는 더 잘 가르치고 싶은 마음이 샘솟을 뿐만 아니라 교사로서의 자부심도 느낀다. 아이들이 잘 자라게 하기 위해서는 부모님과 학교 그리고 사회가 함께 힘을 합해야 한다. '한 아이를 키우기 위해 온 동네가 필요하다'는 말처럼 학교와 가정, 사회가 한 아이를 위해 손을 맞잡아야 하지 않겠는가? 아이의 키와 생각과 마음이 자라는 것처럼 그렇게 교사도 부모도 함께 성장해 나간다면 좋겠다. 서로가 '가까이하기엔 너무 먼 당신'으로 존재하는 것이 아니라 '가까이할수록 더욱 힘이 되는 당신'으로 존재할 수 있다면 얼마나 좋을까?

추천의 글 4
프롤로그 11

누군가의 선생님이 된다는 것

2월, 잔인한 달	23	아이들이 미워질 때	42
준비, 땅!	25	교실 권력 내려놓기	44
우리 만남은 우연이 아니야	27	맨발로 걸어보자	44
안녕! 우리 같은 반일까?	29	친구가 필요해	46
3월, 일에 치인다	30	거절의 자유	47
느리게 쓰는 편지	32	아름다운 사람, 이태석 신부	48
어제는 그렇게 천사 같았던 아이들이	33	도망치고 싶은 날	49
식물에게서 배운다	34	관계가 먼저다	50
아이들 노는 꼴을 못 보는	36	네가 아니라 너의 행동에 화가 나	51
생각과 느낌을 말해보아요	37	아이들에 대한 기대	52
칭찬 고픈 아이	38	6월, 다사다난했다	52
감정에 책임지기	39	거절과 거부	54
오늘의 교실 풍경	40	아이들의 사랑 고백	55
나는 이런 선생님이 되고 싶다	41	아침, 함께 자라는 시간	56

아이들, 배움의 한가운데에서

마동숙을 이겨라 ... 59	아이들은 나의 선생님 ... 85
꼴통방통 선생님 ... 61	전담 수업이 많은 수요일 ... 86
저는 ○번 ○○○입니다 ... 63	가위바위보 ... 88
선생님이 미안해 ... 65	뭉크의 절규 ... 89
질문은 힘이 있다 ... 66	수학 시험을 치고 ... 90
우리는 왜 이곳에 있는가 ... 67	소소한 기적 ... 91
소리 없이 마음이 자란다 ... 69	오늘의 긍정 필사 ... 92
딱지 한 장이 만든 소동 ... 70	방귀 뀌며 부르자 ... 93
선생님 왜 저 모른 척했어요? ... 71	리코더냐 축구냐 그것이 문제로다 ... 94
아이들이 저를 배신했어요 ... 72	세호의 파이어데이 ... 95
소확행 ... 73	작가 노트, 나는 작가다 ... 95
삼월이가 날아오다 ... 74	거대한 자연의 시간 속에서 ... 96
궁금증 천국 ... 75	수영하고 계란 먹고 ... 97
건강하다는 증거 ... 76	내가 생각하는 아름다운 사람 ... 98
진우의 선택 ... 77	호국의 도시 ... 99
우리 세호가 달라졌어요 ... 79	뒷담화와 손절 ... 100
동정심이 뭐예요? ... 79	랜덤 플레이 ... 101
화산이 폭발하다 ... 80	따돌림… 불안 ... 102
엄마의 도움이 필요해 ... 82	스펀지 막대 푸닥거리 ... 103
대충 그리는 미술 시간 ... 84	존재 그 자체로 소중한 ... 104

교실, 그 안에서 피어나는 생각들

왕따지만 난 괜찮아!	107
사랑하기도 짧은 시간	109
항복선언, 할 만큼 했다	110
학급경영, 우리들의 활동	110
아 왜 맨날 제비뽑기야	113
배려 줄서기	116
개입과 관찰	118
뭣이 중헌디?	120
누구도 화내지 않는 체육 시간	122
영화 좀 감상하자	123
균열… 힘의 변화	124
교실에 눈이 와요	125
그 정도로 싫진 않아요	127
너무 잘생긴 나	129
나는 나비	130
너의 진심이 느껴져	131
감사의 고수	132
교과목에 대하여	133
말하는 아이, 듣는 아이	134
나다움의 함정	135
자극과 반응 사이	136
친절하고 단호한 선생님이 되는 것	138
모든 욕구는 아름답다	139
무능력과 무의지	140
출근 전 기도	141
비가 온다	142
무력감에 빠진 날	143
우리 반 클래스	144
우리 아이, 아이돌 될 건데…	145
지 멋대로 하고 지랄이야	147
나 너 신고할 거야!	149
자식 많으면 고생만 한대요	149
과부하… 이러다 큰일 나요	151
그렇게 방학이 온다	152

함께 아이를 키우는 마음

학교, 어떤 곳이어야 하는가 … 157	학부모 통신(4월): 점수보다 중요한 것들 … 186
학부모 상담 … 159	학부모 통신(5월 초): 사랑을 배우는 시간 … 187
잠 못 이루는 밤 … 160	학부모 통신(5월 말): 스물네 가지 빛깔과 향기 … 189
자녀에 대한 두 가지 시선 … 165	학부모 통신(6월): 아이들의 마음 날씨 … 192
아이들의 거짓말 … 167	학부모 통신(7월): 아이들 꽃이 피었습니다 … 194
두 마리 늑대 … 169	학부모 통신(11월): 첫눈이 왔습니다 … 200
교사는 경찰관이 아니다 … 170	학부모 통신(12월): 삶의 힘이 되는 교육 … 204
처벌받으면 되잖아요 … 172	
평화서클 다모임 … 173	
회복적 정의 … 175	
다 달라서 좋다 … 176	
칭찬 샤워 … 178	
애들 보내고 뭐 할 일이 있나? … 179	
좀 더 세게 말하면 전우 … 180	
오은영의 <금쪽같은 내 새끼> … 181	
학부모 독서모임 … 182	
공개수업 … 183	
학부모 통신(3월): 첫 메시지 … 184	**에필로그** … 206

I

누군가의 선생님이
된다는 것

Ⅰ. 누군가의 선생님이 된다는 것

2월, 잔인한 달

T.S 엘리엇은 「황무지」라는 시에서 4월은 잔인한 달이라고 표현했다. 봄은 생명을 소생시키며 부활과 희망의 계절이기는 하지만, 잊고 싶은 기억까지 다시 불러일으키는 잔인함을 지녔다고 시인은 말하는 듯하다. 선생님들에게도 봄은 잔인한 계절이다. 2월 중순부터 벚꽃이 필 즈음까지 학교의 모든 선생님이 입이 부르트거나 영양제를 먹어가며 바쁜 일과를 버텨나간다.

2월은 발령, 전근, 승진, 퇴임 등 선생님들의 인사이동이 발표되는 달이다. 교대를 막 졸업하고 사회에 첫발을 내딛는 새내기 선생님, 기존의 학교에 남는 선생님, 새로운 학교로 전근하시는 선생님, 장학사나 교감으로 승진하는 선생님, 오랜 교직 생활을 마무리하고 명예퇴직이나 정년퇴직을 하는 선배 선생님들까지 2월은 새로운 만남과 헤어짐이 있는 달이다. 새롭게 만날 사람들과 공간에 대한 기대, 설렘과 긴장도 교차한다. 22년의 교직 생활을 돌아보니 여섯 번 정도 이동이 있었던 것 같다. 한 학교에서 거의 평균 4년 정도 근무한 셈이다. 2월에는 아이들도 학년말 방학이라 학교에 오지 않아, 선생님들은 수업이 없다. 학교는 짧은 겨울잠을 자듯 그야말로 조용하다. 하지만 그래서 좋을까? 전혀 그렇지 않다. 교사에게는 수영선수가 입수하기 전 숨 고르기를 하듯 새로운 환경과 새로 맡게 되는 업무를 잘 받아들이고 숨 고르기가 필요한 시간이다. 주로 2월 첫 교직원 회의는 1년 동안 함께할 선생님들과의 상견례로 시작된다. 그리고 사전에 제출한 업무 희망서와 학년 희망서를 기초로 1년 동안 몇 학년을 맡게 될지, 어떤 업무를 하게 될지 알게 된다. 학년이나 업무가 희망한 대로 주어진 경우는 많지 않다. 대부분의 선생님이 비교적 수월한 학년과 업무를 희망하기 때문에 기피 학년과 기피 업무는 서로 맡지 않으려고 한다. 초등학교의 경우 1학년이나 6학년은 기피 학년인 경우가 많다. 1학년은 타 학년에 비해 학부모의 과도한 민원이 많고, 6학년은 수업 시수도 많은 데다 사춘기에 접어든 아이들의 생활지도에 어려움이 있고 학교폭력 발생의 가능성도 크다. 선생님들은 3, 4학년을 가장 많이 선호한다. 아이들이 학교생활에 어느 정도 익숙할 뿐만 아니라, 전달 사항을 한두 번만 이야기해도 말귀를 알아듣고 해야 할 일을 척척 잘하기 때문이다. 3, 4학년 아이들은 5, 6학년 학생들에 비해 교사의 말을 가볍게 뭉개버리는 행동이나 거친 불만과 반항을 덜 하는 편이다. 그래도 예외는 있다. 특정 학년에 선생님이 감당하기 너무 힘든 아이, 상습 악성 민원 학부모가 있다면 선생님들은 가능하면 그 학년을 맡으려 하지 않는다. 그래서 2월은 교사들에게 1년의 학교 생활을 결정하는 중요한 시기이다. 꽃밭을 거니는 여행이 될지, 험난한 돌산을 등반하는 고난의 행군이 될지, 안개 속에 가려진 2월이다.

준비, 땅!

2월 새 학년 준비기간은 일주일 정도 된다. 그해 1년 동안 맡게 될 학년과 업무 분장표가 적힌 종이 유인물을 확인할 때는 여기저기서 웅성거리는 소리가 들린다. 희망하지도 않은 학년에 자기가 왜 배정되었는지 이해하지 못하겠다는 푸념과 얕은 한숨 소리, 친한 선생님과 같은 학년에 배치되어 기뻐하는 웃음소리가 뒤섞여 들린다. 모두가 만족하는 결과란 있을 수 없다. 누군가는 학년에, 누군가는 업무에 부담을 지게 된다. 학교 중책과 관련된 업무나 학교폭력과 같이 모두가 기피하는 업무를 맡게 된 선생님은 아무래도 마음의 부담이 클 수밖에 없다. 기피 업무와 기피 학년이 내게 배정되지 않았다면 나 아닌 누군가가 자의든 타의든 그 부담을 떠안게 되었다는 의미이다. 담임에게는 중요한 일이 또 있다. 우리 반 학생 명단을 뽑는 일이다. 새 학년 반 편성표가 들어 있는 봉투들이 학급 수만큼 있다. 내가 뽑을 봉투 속에 나와 1년을 함께할 아이들의 이름이 들어 있을 텐데, 힘들기로 소문난 그 아이가 우리 반이 되면 어쩌지? 그 아이는 수업 시간에 교실을 막 돌아다니고 학교 밖으로 뛰쳐나간 적도 있다는데…. 걱정이 앞선다. 작은 긴장감으로 하나씩 하나씩 뽑고 남은 봉투를 집어 든다. 생년월일 순서나 때로는 가나다라 순서로 가지런히 정렬된 이름 옆 비고란에, 학생에 대한 메모가 있다. 학습 부진(국어), 도움반, 쌍둥이, 생활지도(분노조절), 학교 폭력 관련 등의 표시들은 새로 맡게 될 담임 선생님이 알아야 할 중요한 정보다. 때로는 이런 정보들이 학생에 대한 낙인이나 편견으로 작용하는 게 아닌가 우려될 때도 있다. 그러나 이런 정보들은 이전 담임 선생님이 알려주지 않으면 모를 정보들이기도 하고, 새로 맡게 된 선생님이 새 학년을 준비하는 데 반드시 신경 쓰고 고려해야 할 것들이다. 또한 행여나 예고 없이 발생하는 돌발 상황에 미리 대비할 수 있게 도움을 준다. 명렬표 속 아이들의 이름을 보며 어떤 아이들일까 상상한다. 나와 1년을 함께할 아이들의 이름을 작은 소리로 부르며 "만나서 반가워, 우리 잘 지내보자." 혼잣말을 한다. 이후 며칠간은 틈틈이 시간 날 때마다 아이들의 이름을 외운다. 초임 때에는 하루 만에 30명의 이름을 거뜬히 외웠는데 이제는 정확하게 외우기가 쉽지 않다. 학생 이름 중에 서현이와 정원이가 있다면 서원이라 외워 버리기 일쑤다. 조금씩 나이 들어 감을 실감하는 2월을 해마다 맞는다. 선생님들의 2월은 100m 달리기를 위해 출발선에 엎드려 신호를 기다리는 마음과 닮았다. "준비 땅!" 아이들과 함께 달리는 1년의 결승점에는 무엇이 기다리고 있을까?

우리 만남은 우연이 아니야

개학이 이틀밖에 남지 않았다. 교실도 청소해야 하고, 첫날 준비도 해야 하고, 수업 준비도 해야 하고 마음이 바빴다. 차 트렁크에 1년 동안 필요한 수업 도구, 환경물품, 개인물품 등을 가득 싣고 학교로 향한다. 학교는 어찌 그리 공사가 많은지 어느 학교를 가나 크고 작은 공사 중인 곳이 많다. 강당 공사, 급식실, 내진 공사, 과학실 리모델링 공사, 컴퓨터실 현대화 공사, 오래된 학교 복도와 화장실 공사 같은 것들이다. 그리 길지 않은 교직 경력이지만 근무한 모든 학교마다 공사가 있었던 것 같다. 새로 전근한 학교도 인근에 아파트가 생기면서 학생 수가 늘어나는 바람에 학교를 증축하는 공사가 한창이었다. 덕분에 가뜩이나 좁은 운동장이 반 토막 났다. 학생 수에 비해 손바닥만 한 학교 운동장은 운동회를 여는 건 꿈도 못 꿀 정도로 좁다. 하기야 요즘은 학교 강당 같은 실내에서 운동회를 하는 학교도 많다. 봄에 황사가 없는 깨끗한 하늘을 볼 수 있는 날이 거의 없다 보니 아이들의 야외 활동이 점점 사라지고 있다. 비가 추적추적 내리는 학교 건물 입구에 벽돌들이 어지러이 흩어져 있었다. 군데군데 빗물이 고여 생긴 작은 웅덩이들…. 개학이 미뤄지려나? 걱정스러운 마음으로 교실을 둘러본다. 컴퓨터도, 칠판도, TV도 없이 먼지만 뽀얗게 앉은 교실에 책걸상만 들어와 있다. 나처럼 개학 준비를 위해 출근한 몇몇 선생님들이 싣고 온 짐을 되싣고 발길을 돌려 집으로 돌아가셨다. 학교에 왔지만 할 수 있는 게 없으니 그럴 수밖에….

학년이 발표된 첫날부터 언제까지 제출하라고 데드라인이 정해진 일들이 많다. 기초 시간표, 기본 명부 작성, e알리미 명부작성, 새학년 교육과정 수립, 티처콜로 담임 인사, 온라인 학급 소통 채널, 개학식 관련 안내 등으로 부장톡방과 학년 단체톡방이 만들어지고 일이 바쁘게 돌아간다. 하라는 것도 많고, 그 외에도 해야 할 일들이 쓰나미처럼 쏟아진다. 엘리베이터도 안 되고 1층 현관 출입도 어렵다. 디지털 세상에서 아날로그 세상으로 가는 듯하다. 어떻게 할까 고민하다가, 계단으로 대여섯 번 왔다 갔다 하면서 짐을 옮기고 나니 땀이 뻘뻘 흐른다. 교실 수납장에 짐을 대충 집어넣고, 교사용 의자에 가만히 앉아 본다. 지금은 썰렁하고 먼지투성이 교실이지만, 아이들과 내가 선생님과 학생으로 만나 살아갈 이 공간…. 여기가 아이들에게 따뜻하고 자유로운 배움의 공간이 되었으면 하는 마음으로 둘러본다. 휴대전화에서는 노사연의 〈만남〉이 흘러나온다. 새로 지은 건물 구석탱이에 박힌 교실에서 나 혼자 갈라진 쇳소리로 고래고래 노래하며 비질을 한다. 오늘은 휴일이라 아무도 듣는 이 없으리라 확신하면서….

"우리 만남은 우연이 아니야, 그것은 우리의 바람이었어."

누군가의 간절한 바람으로 만나게 된 우리들이라 믿으며 개학을 준비한다.

안녕! 우리 같은 반일까?

첫날을 어떻게 보내야 할까? 많은 선생님이 고민한다. 좋은 첫인상을 주고 싶기 때문일 것이다. 어떤 선생님들은 3월 한 달 동안은 웃지 않아야 한다고 말하는 선생님도 있다. 선생님이 웃는 순간 아이들은 긴장이 풀리고, 아이들은 스스로 조심하지 않고 함부로 떠들고 행동하리라 걱정한다. 나는 첫날부터 웃는 선생님이다. 학교와 낯선 교실, 선생님에 대한 아이들의 불안을 얼른 없애 주고 싶어서 나는 많이 웃는다. 그래서 첫날 아이들의 글쓰기를 보면 '우리 선생님은 착한 것 같다. 다행이다.'라는 표현이 많이 등장한다.

개학을 위해 만들어 둔 파워포인트를 USB에 담아 바쁜 걸음으로 출근했다. 아이들이 오기 전에 인쇄해야 할 것들, 컴퓨터에 미리 띄워 놓아야 할 것을 생각하며 평소보다 일찍 집을 나섰다. 학교에 도착하니 웬걸! 아이들이 벌써 교실에 몇 명이나 앉아 있다. 아이들의 호기심 어린 시선을 느끼며 자리에 짐을 내려놓고 다가가 손을 내밀며 인사한다.

"안녕! 우리 같은 반일까?"

아이가 수줍게 웃으며 고개를 끄덕인다. 아이는 내가 내미는 손을 조심스럽게 잡는다. 아이들은 '어떤 선생님이 우리 담임 선생님일까?' 궁금해 죽겠어서 일찍 왔다 한다. 아이들은 어떤 선생님을 상상했을까? 젊고 예쁜 선생님을 상상했다면 미안할 일이다. 나는 50대 중반에 뽀글뽀글 파마머리의 동네 아줌마 같은 외모로 등장했으니 말이다. 아이들이 실망했을지도 모르겠다.

아이들이 둘, 셋 무리 지어 교실 창밖에서 안을 들여다보고 간다. 들어오라고 손짓하니 옆 반 아이들이란다. 아이들이 오기 전에 해야 할 일들로 마음이 분주하다. TV 화면에 아이들 이름과 '환영합니다!' 문구가 적힌 화면을 크게 띄워 놓았다. 이제부터 오는 아이들 한 명, 한 명과 악수하고 통성명을 하면 된다. 내가 아이들을 환대하는 방법이다. 낯선 뽀글머리 아줌마가 담임 선생님임을 눈치챈 아이들이 배시시 웃는다. 부끄러운 듯 살며시 손을 내미는 아이들의 모습이 사랑스럽다. 아이들도 낯선 나를 환대하는 3월 아침, 싱그러운 행복감이 밀려온다.

3월, 일에 치인다

교육과정을 짜고, 평가계획서를 쓰고, 동아리 계획서 제출, 나이스 입력, 그리고 학습 준비물 구매, 청소용품 구매, 환경용품 구매, 학습동아리, 연구동아리 계획서 제출, 진단 평가 등등 업무 담당자들이 제출 기한을 알려주는 걸 메모하면서 숨이 턱 밑까지 찬다. 이 많은 걸 언제 다 하나 싶다. 여기저기서 한숨 소리가 들린다. 아이들 이름 외우기, 학급 명부 작성, 교실 환경 세팅, 학급 세우기, 교실 규칙, 각종 역할 부여, 임원 선거, 학교 설명회, 공개수업 준비도 해야 하는데…. 일에 쫓겨 오늘도 화장실 갈 시간이 없겠다. 비타민을 하나 털어먹는다.

 3월은 아이들과 교사가 서로 호흡을 맞춰야 하는 중요한 시기이다. 그렇지만 3월에 몰린 일들이 너무 많다 보니 선생님들은 업무를 처리하는데 허덕대느라 정작 아이들은 뒷전이 되기 쉽다. 아이들과 호흡을 맞추고 새로운 환경에 적응하기도 만만치 않은데 몰아치는 일감 속에서 허우적대는 이 현실이 맞는가 싶을 때가 한두 번이 아니다. 기가 질리도록 일을 해야 하는, 숨돌릴 틈이 없는 3월이 지나간다. 내일은 전자칠판 연수회에 출장도 있고, 워크아웃 장소 결정도 해야 한다. 파김치가 되어 퇴근한다. 집에서 쓸 에너지는 남아나지 않는다. 겁나는 3월이다. 후유, 이만 자자.

느리게 쓰는 편지

알림장을 쓰는데 아이들의 글씨가 좋아지고 있다. 현철이가 글씨를 엉망으로 써서 여러 번 다시 쓰게 했다. 정말 예쁜 글씨로 다시 써 왔을 때 아이들과 함께 손뼉 쳐 주고 격려해 주었다. 하기 싫어도 인내하고 연습하고 노력하면 우리는 성장한다. 아이들과 함께 1년의 목표 만들기를 했다. 무슨 일이 있어도 이것만은 꼭 이루고 싶다는 목표…. 아이들의 목표가 참 궁금하다. 나의 목표를 이야기하며 아이들에게 눈으로 확인이 되는 목표를 적어보라고 했다. 그리고 '느리게 쓰는 편지'를 작성했다. 내년 2월, 아이들은 자신이 쓴 편지를 받아보게 될 것이다. 1학기가 마칠 때쯤 중간 점검 시간에도 확인하겠지만 학년이 마칠 때쯤에는 자신들이 세운 계획을 얼마나 이루었는지 알게 될 것이다.

1. KAC, KPC 자격 취득
2. 청소년 상담사 자격 취득
3. 나의 책 쓰기
4. 독서 50권 하기/년 (독서모임 월 2회)

내년 2월, 나는 이 목표를 달성했을까? 궁금하다. 아이들과 나의 1년을 힘차게 응원한다. 오늘도 졸린 눈을 비비고 오기 싫은 학교에 온 아이들을 칭찬한다. 고맙다고 인사한다. 그리고 다 같이 그런 자기 자신의 머리를 쓰다듬어주고 스스로 안아준다. 얘들아, 파이팅!

어제는 그렇게 천사 같았던 아이들이

어제는 그렇게 천사 같았던 아이들이 오늘은 마음에 거슬리고 불편하다. 자신과 관련 없는 일도 일일이 선생님에게 고해바치고, 계속해서 돌아다니거나 쉴 새 없이 끼어드는 아이의 행동이 하루 종일 마음을 불편하게 했다. 몇 번이나 부탁하고 지적을 하는데도 수업과 관계없는 사적인 말들이 불쑥불쑥 튀어 들어온다. 아이의 행동에 은근히 부아가 났다. 선생님의 시선을 묶어두려는 아이의 행동, 관심 끌기 행동임을 알기에 못 본 척, 못 들은 척하려 애를 썼다.

잠시 수업을 멈추고 자리에 앉아 가만히 눈을 감고, 심호흡을 가다듬는다. 자칫 분노하고 화나는 마음이 아이에게 쏟아질까 수업시간 중이지만 나를 돌볼 시간이 필요함을 느낀다.

5교시 시작종이 쳤다. 영어 시험 시간인데 여러 명의 아이들의 자리가 비어 있다. 5분쯤 기다려도 아이들이 오지 않는다. 지수를 보내서 밖에 있는 아이들을 불러오라고 했다. 아이들이 시끌벅적 소란스럽게 들어온다. 미안한 기색도 없다. 늦었다는 것, 소란스럽게 들어왔다는 것에 속이 상한 나는 늦은 친구들은 오늘 수업 후에 남으라고 무섭게 말했다. 아이들에게 변명의 기회를 주지도 않은 채 화가 난 모습을 보였다. 나중에 아이들은 종소리를 듣지 못했다고 말했다.

'그럴 수도 있지! 그래. 그럴 수도 있지, 수업 5분 늦는 게 뭔 큰 대수인가 싶다가도 그래도 규칙이라는 게 있는데 물렁물렁하게 했다가는 질서라고는 모르는 아이들로 자라게 되는게 아닐까?' 우려도 된다. 아이들에게 규칙의 중요성을 알게 하면서도 좀 더 융통성 있는 어른, 선생이 되어야 하겠는데…. 이놈의 '~이어야 한다.'라는 생각에 사로잡혀서, 아이들을 돕고 문제를 해결할 생각은 저 멀리 안드로메다로 가버린 형국이다.

- 우리는 돕기 위해 이곳에 있다. 비난하고 평가하는 것이 아니라 문제 해결에 집중한다. -

식물에게서 배운다

아이들의 말에 귀 기울이는 선생님이 되어야 한다. 그들은 늘 옳다. 계산하지 않기 때문이다. 오늘도 아이들에게 배운다. 아이들이 나를 가르치고 성장시킴을 깨닫는 하루다. 어제 아이들에게 화낸 것을 사과했다. 반성문을 썼노라 말하며 미안하다고 했더니 아이들 얼굴이 금방 밝아진다. 아침 시간을 운동장에서 놀고 들어올 수 있도록 했다. 대신 교실에서는 도서관처럼 조용히 해달라고… 자기 조절력을 키우자고 했더니 다행히도 잘 이해하는 눈치다.

수업을 마치고 숲체원 교사 연수에 갔다. 숲체원을 산책하면서 봄 햇살, 봄바람을 오롯이 느낄 수 있는 오후에 감사했다. 뒤이어 이어진 숲해설가의 설명이 새록새록 새롭다. 숲해설가 자격을 땄지만, 숲 해설의 능력을 갖추진 못했다는 생각을 늘 한다. 무엇보다도 식물에 관한 공부가 많이 부족하다. 나무와 풀과 꽃들은 참 좋은 선생님이다. 식물에게서 배운다.

참나무는 참된 나무, 진짜 좋은 나무라는 뜻이란다. 먹을 것이 없던 시기에 식량을 제공한 나무라서 그렇단다. 그 종류도 여섯 가지나 되는데 굴참나무, 갈참나무, 졸참나무, 신갈나무, 떡갈나무, 상수리나무로 나뉜다. 나무껍질의 골이 깊은 것은 굴참나무, 가을 잎을 늦게까지 달고 있는 것은 갈참나무, 짚신바닥으로 깔아 썼다고 신갈나무, 떡을 싸서 갈무리하는 데 썼으니까 떡갈나무, 잎이 졸병처럼 작아서 졸참나무 등 이름이 참 재미있다. 상수리나무는 도토리가 가장 실하게 많이 열리기 때문에 상실이라는 이름이 붙었는데 임금님 수라상에 올라가는 나무라는 설도 있다고 한다. 그 밖에도 초록 잎이 나무를 감고 올라가는 으름덩굴, 누린내를 풍겨 구더기가 생기지 않게 하는 누리장나무, 딸을 시집보낼 때 장농을 해서 보냈다는 오동나무, 쓴맛이 지독해 욕이 나올 정도라

I. 누군가의 선생님이 된다는 것

는 소태나무, '나무들도 저마다 사연과 이야기가 있구나.' 싶은 생각이 든다. 오늘 배운 것을 내일 아이들에게도 이야기해 주어야겠다. 말없는 자연이 깨어나 말을 거는 시간…. 자연과 함께 우리의 마음도, 몸도 깨어나길 빌어본다.

아이들 노는 꼴을 못 보는

아이들이 다른 날보다 유난히 소란스럽다. 하지 말라는 것이 많아서 그런가. 더한 것 같다. 남의 반 앞에 가서 떠들고, 복도에서 뛰고, 소리 지르고, 비명 지르고, 휴지는 교실 곳곳에 아무렇게나 버리고, 눈에 거슬리는 것들이 한둘이 아니다. 일일이 잔소리하지 않고 못 본 척 넘어가려니 속에 천불이 난다.

얘들아, 마음껏 뛰어라.

마음껏 소리쳐라.

마음껏 해봐라!

교육은 이래야 되지만,

마음껏 소리치고, 마음껏 뛸 환경을 주지도 않은 채

뛰지 마라, 조용히 해라.

마라, 마라, 마라, 마라….

마라탕이 되어가고 있다.

내일은 아이들이 마음껏 뛰고 소리칠 수 있게 해주자. 운동장에 데리고 나가서 맘대로 놀게 내버려두자. 선생들은 왜 아이들이 노는 꼴을 못 보는가? 나도 그런 선생인 것 같다.

생각과 느낌을 말해보아요

국어 시간에 시나 이야기를 읽고 생각과 느낌을 발표했다. 손을 드는 친구는 열심히 손든다. 하루에 다섯 번, 여섯 번 발표하는 아이도 있고, 하루에 손을 한 번도 안 드는 아이도 있다. 자기 의견을 말로 하는 것이 어려운 아이들이 눈에 보인다. 어떻게 하면 편안하게 도와 줄 수 있을까? 하기야 나도 어릴 때 손 드는 걸 무서워하는 아이였지…. 그렇게 소심하고 그렇게 겁이 많아도 어른이 되어 잘만 살고 있으니 크게 걱정할 필요는 없는 일.

생각과 느낌을 구분하는 것은 중요하다. 아이들이 느낌이라고 생각하는 많은 것이 실은 생각인 경우가 많다. 아이들에게 자신의 생각과 느낌을 구분하여 발표해 보도록 했다. 열다섯 명 정도가 발표했나 보다. 매 수업시간 발표가 어려운 친구들을 위해 모둠학습을 하고 있다. 소그룹 안에서 발표를 자유롭게 해보고 전체 발표를 하는 것이 훨씬 마음에 준비가 될 듯하다. 한 단계, 한 단계 차근차근 밟아야 한다. 모든 것은 연습이 필요하다.

칭찬 고픈 아이

　인성이가 오늘도 남아서 봉사활동을 한다. 매일 생글생글 웃는 인성이의 얼굴을 보면 아기같이 천진하고 맑다. 늘 남아서 교실을 깨끗하게 하는 인성이가 있어서 우리 교실이 반짝반짝 빛난다. 고마운 인성이…. 인성이에게 교실을 깨끗하게 치워줘서 고맙다고 했더니 눈을 가늘게 뜨고 활짝 웃는다. 덩달아 나도 행복하다.
　재훈이 이야기를 안 적으면 재훈이가 속상하겠지?
　"선생님. 저도 남아서 교실 청소 조금 하다가 갔는데. 내 이야기는 왜 안 해줘요?" 할 것이 분명하다. 재훈이는 칭찬이 고픈 아이다. 칭찬받고 싶어서 늘 내 앞에 와서 자잘한 이야기를 종알종알댄다. 마음에 여유가 없을 때는 그 시시콜콜한 이야기를 듣는 게 쉽지 않다. 건성 건성으로 듣거나 들은 체할 때도 있다. 재훈이를 더 많이, 더 깊이, 아니 충분히 칭찬해야 하는데, 오늘 칭찬보다는 지적을 한 것 같아 미안하다. 속상했을 게다.
　나는 우리 아이들이 학교에서 행복했으면 좋겠다. 아이들은 모두 칭찬이 고프다. 별일이 아닌 것도 칭찬해 주면, 입이 함지박만 하게 벌어져서 행복해한다. 오늘은 누구를, 무엇을 칭찬해 줄까? 결과보다는 과정을, 알아듣기 쉽게, 구체적으로 칭찬해 줘야지~ 매일매일 눈을 왕방울만 하게 부릅뜨고 칭찬거리를 찾아봐야겠다.

감정에 책임지기

아침부터 비가 온다. 요 며칠 감기로 골골거린다. 아이들에게 쉰 목소리로
"애들아, 얼른 제자리로 돌아가, 자리에 앉아.
선생님 목 아파. 그래서 한 번만 말할 거야. 잘 들어줬으면 좋겠어."
한다.
어제 아파서 안 온 강민이가 학교에 왔다. 강민이는 늘 자기 자리에 앉아 있지 않고 다른 친구 자리에 가서 서성거리고 있다. 제자리로 돌아가 앉으라고 여러 번 말해도 무슨 할 이야기가 그렇게 많은지 쇠귀에 경 읽기다. 그런 강민이가 해맑은 얼굴로 자기의 잘못을 알고 있다고 말할 때는 슬그머니 화가 나기도 한다. 나는 좀 미안한 표정을 기대하고 있었나 보다. 내 기대와는 달리 "제 잘못 아는데요. 그래서 뭐? 뭐 어쩌라고요?"라는 표정이라는 생각이 들어서 부아가 나는 것 같다. 그러나 그건

어디까지나 내 생각일 뿐이기 때문에 결국 내가 화가 난 이유는 강민이 때문이라기보다는 내 생각에 기인한 것이다. '아이가 버릇이 없네. 예의가 없네.' 하는 생각이 나를 화나게 할 뿐, 아이는 그냥 자기 표정을 지었을 뿐이다. 내 감정의 책임을 아이에게 돌리려는 것을 멈추고, 내 생각을 가만히 관찰한다. 감정을 잘 다스려야 한다. 내 감정의 책임은 나에게 있다.

오늘의 교실 풍경

수학 시간에는 친구끼리 수학 놀이를 했다. 수학 문제 풀이 속도가 늦은 친구들은 게임을 못 했다. 우리 반에서 네다섯 명의 친구들이 수학을 조금 어려워하는 것 같다. 그 아이들이 뒤처지지 않도록, 어떻게 더 잘 이해시킬지 연구하고 수학 공부에 조금 더 집중하도록 신경을 써야 할 것 같다.

창체(창의적 체험활동) 시간에는 발명품 아이디어를 앞에 나와 발표했다. 아이들은 내가 기대했던 것보다 더 기발하다. 아이들의 통통 튀는 아이디어들이 빛이 나는 시간이었다. 로션을 끝까지 쓰는 아이디어, 뒤로 넘어갈 때 안전하게 젖힐 수 있는 안전 의자, 물고기 어항을 닦아주는 어항 와이퍼, 바이러스 감지하는 NO바이러스 USB, 원터치 바늘

귀…. 너무 멋진 아이디어들이 쏟아졌다. 아이들은 태평양 바닷속 같은 잠재력을 가지고 있다는 생각이 든다.

과학 시간인데 과학 수업은 못 하고, 저널 노트를 함께 읽었다. 어쩌다 보니 나는 격려자보다는 잔소리꾼이 되어가는 것 같다. 내일부터는 아이들이 못하는 것에는 입을 닫고, 잘하는 것이 무엇인지 마음 써서 찾아보고 격려해야지 다짐을 해본다. 잔소리꾼이 아닌 격려자로 아이들 곁에 서자.

나는 이런 선생님이 되고 싶다

우리 선생님은 _____ 선생님이다.

나는 아이들에게 어떤 선생님이 되고 싶은가?
우리 선생님은 나의 좋은 점을 찾아 칭찬해 주시는 분이다.
우리 선생님은 나에게 늘 웃어주시는 분이다.
우리 선생님은 내가 무슨 이야기를 할 때 잘 들어주시는 분이다.
우리 선생님은 내가 잘못할 때 "괜찮아! 다음에 잘하면 돼."라고 말해 주시는 분이다.
우리 선생님은 내 감정을 잘 알아주신다.

우리 선생님은 우리를 잘 가르치기 위해 최선을 다하신다.
우리 선생님은 우리와 같이 있을 때 행복해 보인다.
우리 선생님은 엄마처럼 따뜻한 분이다.

나는 이런 말을 듣고 싶은 선생이다.

아이들이 미워질 때

 오늘은 에너지가 소진된 기분이다. 아이들이 죽어라 말을 안 듣는 그런 날이다. 아침부터 재석이가 계속 떠든다. 조용히 독서하는 교실 분위기를 만들고 싶은데 계속 궁시렁 궁시렁 혼잣말을 한다.
 '선생님 저에게 관심 좀 가져주세요.'
 재석이는 끊임없이 관심 끌려는 행동을 한다. 선생님은 독서를 하고 싶다고 말하자, "지금 독서 안 하잖아요." 한다. 속이 부글부글 끓으려 한다. 우리 반엔 나에게 매일매일 '선생이 된다는 건 호락호락한 일이 아님'을 가르쳐주는 아이들이 있다. 힘이 빠지는 하루다. 내 마음과 감정을 자세히 관찰해 본다. 호동이는 오늘 뭣 때문에 화났는지 모르겠다(아마도 수학시간에 안 시켜 주어서일 거다).
 나는 재상이가 자기 할 말이 너무 많은 나머지 수업에 계속해서 방해

가 될 때 속이 부글거린다. (화나는)

　수업에 관해 진지한 질문을 했을 때 상호가 예상치 못한 장난으로 훼방을 놓을 때 속이 상하다. (서운한)

　성민이가 자기 할 일을 제대로 하지 않고, 수학 시간에만 살아 움직이는 것 같아 걱정된다. (걱정되는)

　나는 호준이가 나를 '쌤쌤'이라고 부를 때나, "왜요?" 할 때 어이가 없다는 생각을 한다. (열받는)

　명철이가 '아이씨~ 아이구~' 등의 짜증 섞인 말을 욕과 버무려 주저 없이 내뱉을 때 나의 인내심에 경고등이 켜진다. 오늘은 아이들에게 서운한 내 마음을 다독인다. 선생님도 아이들이 미워질 때가 있다. 속으로 가정에서 부모님이 아이에게 가르쳐야 할 것을 가르치지 않았다는 원망 섞인 생각도 한다. 부모가 가르치지 않으면 못 배우는 것들이 있다. 가정에서 부모님이 자녀에게 가장 많이 하는 말은 뭘까? 어릴 때부터 몸에 익도록 가르쳐야 하는 것…. 사람됨이 아닐까? 오늘은 여러모로 힘이 빠지는 하루다. 나의 욕구와 아이들의 욕구가 상충되는 지점이 있다. 나는 아침 독서 시간의 고요와 집중을 원하고 아이들은 재미와 자유를 원한다. 아이들과의 욕구 충돌 사이에서 화가 나고 서운하고 걱정되고 열받고 원망이 되는 이런 모든 순간들이 어쩌면 나에게나, 아이들에게나 더할 나위 없이 좋은 배움의 기회가 될지도 모르겠다. 정신차리고 그 순간을 놓치지 말자.

교실 권력 내려놓기

어제의 여파로 더 일찍 집을 나섰다. 오늘은 7시 10분쯤에 학교에 도착했다. 어제 비폭력대화 수업을 들으면서, 아이들을 대하는 나의 모습을 다시 한번 생각했다. 만약 그들이 옆 반 선생님이라면 나와 그들의 관계는 이미 유리 조각처럼 산산이 부서졌을 거라는 생각이 들었다. '나는 아이들을 수직관계로 대하고 있었구나.' 싶은 자각이 밀려온다. 말로는 존중한다고 하면서도, 내 마음을 상하게 하고 힘들게 하는 아이를 대할 때 나는 표정이나 말로 내 감정을 드러내며 미숙하게 대처하지 않았나? 긴 잔소리를 늘어놓으며 아이를 괴롭게 한 적이 없는가? 스스로를 돌아본다. 왜 안 그랬겠는가? 나는 그런 미숙함을 가지고 있다. 그렇지만 끊임없이 성찰하고 발전하고 있는 것도 사실이다. 교탁 컴퓨터에 쪽지를 붙였다.

- 교사의 권력을 함부로 휘두르지 말 것 -

마음으로 다짐한다. 옆 반 선생님을 대하듯 아이들을 존중해야지….

맨발로 걸어보자

아침에 들어오는 아이들에게 오늘 아침활동은 운동장에서 맨발 걷기를 한다고 했다. 밖에 나간다고 아이들이 좋아라 한다. 날씨가 좀 쌀쌀하긴 하지만 지금이 딱 시작하기에 좋을 것 같다. 아이들이 양말을 벗는 나를 따라 너도 나도 양말을 벗는다. 신기하다. 운동장의 따끔따끔한 마사토를 걸어나가는 나를 따라 아이들의 비명소리가 들린다. 운동장에는 우리 반만 있다. 우리 반만 독차지할 수 있는 이 아침 시간 , 참 좋다. 첫날이라서 운동장 두 바퀴만 돌자고 했는데, 아이들이 발 시렵다, 아프다 하면서도 얼굴에는 웃음이 가득하다. 아이들이 신났다. 발을 씻을 만한 곳이 없어 호스를 끌어다 아이들의 작은 발을 씻겨준다. 귀엽고 사랑스러운 두 발들이다. 운동장을 돌면서 바쁜 일상에 여유가 생기는 듯하다. 숨구멍이 트이는 듯 소중한 시간이다. 카메라를 안 가지고 나와서 사진이 없는 게 무척 아쉽다. 몇 일을 꾸준히 했더니 아이들이 스스럼없이 땅과 친해진다. 처음엔 흙이 더럽다던 아이들도 예쁜 발로 운동장을 꼭꼭 눌러밟는다. 정글짐에서 잠시 몸을 녹이기도 하고, 친구들과 운동장을 엉금엉금 기기도 한다. 점심시간에 또 돌겠다는 은빈이는 선생님이 오기 전에 이미 여섯 바퀴를 돌았다며 환히 웃는다. 마음이 꽉 차는 아침이다.

점심을 먹은 후, 봄 햇살이 가득한 운동장에 나갔다. 점심시간에 맨발 걷기 하겠다던 우리 반 아이들은 다 어디에 간 거야? 운동장엔 축구하는 몇 무리의 낯선 아이들만 가득하다. 저 멀리 철봉 근처에 아이들이 북적인다. 자세히 보니 아이들이 한 줄로 늘어앉아 발을 모래에 묻고 놀고 있다. 우리 반 천사들이다. 요녀석들 아예 모래팩을 하고 있구나. 난리다. 모래 속에 파묻힌 아이들 속에서 즐거운 웃음이 봄꽃처럼 흩날린다.

친구가 필요해

올해 목표를 친구 세 명 사귀기로 정한 은샘이와 이야기를 하며 운동장을 돌았다. 은샘이에게 친구 사귀기는 잘 되어가냐고 물어봤다. 이미 포기했다는 대답이 돌아왔다. 왜일까? 혹시 관심 가는 친구가 있냐고 물어봤더니 아직은 없다고 했다. 자기 표현이 서투른 탓일까? 쭈뼛쭈뼛 해 하면서 마음을 이야기하는 걸 어색해 하는 듯했다. 며칠 전 흥분하면 목소리가 커진다더니 무언가 약간의 어려움이 있는 듯 보인다. '은샘이와 맞는 짝이 누굴까?' 생각하며 운동장을 걷는 아이들을 눈으로 헤아린다. 효정이가 맞을까?

학교생활에서 친구는 얼마나 중요한가…. 친구를 따라 강남까지 간다는데 친한 친구가 없는 학교생활이라니 떠올리기만 해도 마음 한구석이 허전하고 외롭다. 은샘이가 마음을 나눌 수 있는 친구를 만들 수 있도록 도와주어야겠다. 아이들 한 명, 한 명 더 관심을 가지고 지켜봄이 필요할 것 같다.

거절의 자유

진욱이가 장훈이에게 물었다
"나 귀여워?"
"음. 귀엽지도 않고, 잘 생기지도 않고, 못생기지도 않았어."

장훈이 딴에는 솔직한 대답을 한 셈이다. 원하는 답이 나오지 않자, 진욱이의 짜증이 폭발적으로 분출된다. 수업시간 계속 중얼중얼거리며 수업을 방해한다. 진욱이의 질문에 답이 있다는 것. 그것이 우리가 알아야 할 일이다. 진욱이의 질문은 질문이 아니라, 확인을 위한 것일 뿐이었다. 친구들이 나에게 호감을 가지고 있다는 확인…. 우리 모두가 알아야 할 질문의 의도, 친구들과 선생님도 미처 눈치 채지 못한 진욱이의 의도….

때때로 사람들은 바람을 질문으로 하는 경우가 많은 것 같다. 그리고 원하는 대답이 나오지 않았을 때 화가 나곤 하는 것 같다. 나의 경우도 예외는 아니다. 가령 "예쁘고 정성스러운 글씨로 쓰인 편지를 받으면 기분이 더 좋지 않나요?"라는 질문에 "아닌데요~"라는 대답이 나왔을 때 당황스러움을 넘어 화가 나지 않았던가. "아닌데요."라고 말한 아이에 대해 짜증이 났었다. 아이의 의도가 나를 짜증나게 만드는 것은 아니었을 터이지만 – 그냥 재미있는 장난 정도로 생각하고 습관적으로 반응한 것 같지만 – 돌아보건데 나는 그날, 꽤 오랜 시간 동안 그 아이가 보기 싫었다. 의도를 가진 질문은 위험하다. 특히 동의를 구하는 질문은 내상의 위험이 크다. 질문을 할 때 상대방에게 거절의 자유를 줄 수 있을 때만 질문을 해야 한다는 것을 또 깨닫게 된다.

아름다운 사람, 이태석 신부

도덕 수업의 아름다운 사람 단원을 공부하다가 이분을 꼭 소개하고 싶었다. 내 삶에 큰 감동을 주신 분, 바로 이태석 신부이다. 내가 아는 가장 아름다운 사람 이태석! 아이들이 삶의 아름다움이라는 주제에 진지하게 생각할 수 있기를 바라면서 조금 길지만 끝까지 보기로 했다.

영화 〈울지마 톤즈〉의 후반부, 아이들의 울음이 새어 나온다. 영상에는 죽어서도 사는 이, 울지마 톤즈…, 톤즈의 눈물을 보았다. 그들에게는 하나님이고, 아버지와 같았던 한 남자의 죽음…. 그의 삶이, 그의 있고 없음이 그들의 삶에 끼친 영향을 보았다. 죽음에 이르는 마지막 순간까지 소명을 다하려 안간힘을 다 쏟은 한 사람…. 나의 삶이 부끄러워지는 순간이다.

그가 이 세상을 떠났을 때 그를 대체할 이는 어디에도 없었다. 그는 누구도 원하지 않는 낮은 곳에서 누구도 할 수 없는 일을 기꺼이 행한 사람이다. 그의 짧은 생애에도 불구하고 그는 수많은 이태석을 남겼다.

브라스 밴드는 또 다른 이태석으로 톤즈의 희망이 되고 있다. 소명은 또 다른 소명을 낳고…. 이태석! 그의 아름다운 이름과 미소를 기억한다. 나도 아주 아주 조금이라도, 그를 닮은 모습으로 살고 싶다.

도망치고 싶은 날

오늘은 은샘이도 울고 경민이도 울었다. 은샘이는 재현이와 경민이가 장난치는데 옆에서 구경하다가 무릎을 부딪쳐서 아프다고 울고 경민이는 큰 옆 반 친구가 "저리 꺼져."라고 말해서 겁먹어서 울었다. 경민이는 스스로 쫄았다고 표현하면서, 선생님이 좀 옆 반 학생을 혼내 달라고 말했다. 얼마나 많은 등장인물이 필요한지 그야말로 영화 한 편을 찍는 날이다. 액션에, 스릴러까지 장르도 다양하다.

아이들 틈에서 매일 살아 있음을 느끼면서도 고요함에 대한 갈증이 커져간다. 시끌벅적 고함과 울음과 웃음소리를 떠나 나를 돌아볼 고요한 시간이 필요하다. 오늘은 어디론가 도망치고 싶은 날이다. 무인도에라도 가서 한 달쯤 살다 왔으면 좋겠다.

관계가 먼저다

늘 알고 있는 것이지만 오늘 더 깊이 깨달아지는 것, 관계의 중요성!

수업의 내용이 아무리 좋을지라도, 교수법이 아무리 훌륭할지라도, 가르치는 자와 배우는 자 사이에 신뢰와 존중이 없다면 어떻게 될까? 선생님이 싫으면 그 수업도, 수업 내용도 모두 싫어진다. 중고등학교 시절, 세계사 선생님이 좋아서 세계사 시험에 만점 받은 기억이 떠오른다. 입에 땀이 나도록 타일러도 말을 안 듣는 개성 가득한 나의 제자는 오늘도 여전히 제 길을 간다. '참 말도 죽어라 안 듣는구나.' 하는 생각이 미칠 무렵이면 슬슬 화가 나고 짜증이 난다. 순간 '존중과 배려는 타고나는 것인가?' 하는 생각이 들기도 한다.

아이와의 관계에서 부정적인 상호작용이 생긴다. 물가에 데리고 가지만 아이는 물을 마시기는커녕 온 개천을 흙탕물로 바꾸고 있다는 생각이 들자, 물은 마시지 않아도 되니 다른 친구들이 물을 마시는 것을 방해하지 말라고 경고했다. 일종의 포기 선언으로도 해석될 수 있는 날카로운 말이었다. 아이는 내 말을 어떻게 받아들였을까?

다양한 종류의 수업 방해 행위에 대해 '너는 공부 안 해도 되는데 다른 친구를 방해하지는 마라.'라는 선생님의 메시지는 정당한 것인가? 좌절감이 밀려온다.

네가 아니라 너의 행동에 화가 나

방과 후에 아이와 함께 공감 카드를 가지고 상담을 했다. 아이는 선생님에게 혼이 나서 우울하기만 하다고 했다. 아이의 주장은 이렇다. 국어 시간에 선생님이 15분간 활동 시간을 주었지만, 그 문제를 풀지 못한 것은 해야 되는지 몰랐기 때문이다. 실수란다. 오늘 옆 반 친구와 축구하다가 발로 찬 것도 실수고, 욕을 한 것도 실수다.

점심시간에 해야 할 악기 정리를 하지 않고 신나게 축구를 하고 나서 정작 수업 시간에 악기 정리를 하러 가도 되겠냐고 묻는 아이. "도대체 너는 왜 그러니?" 하는 말이 입안에 맴돈다.

아이의 행동과 아이를 분리해서 생각하는 것이 힘들 때가 있다. 늘 말과 행동에 신중하지 않으면 아이의 존재에 대한 비난을 하게 된다. 모든 것이 실수이고 몰랐다고 말하는 아이에게 나의 솔직한 마음을 털어놓는다.

"선생님은 선생님을 존중하지 않는 너의 행동에 화가 나."

최대한 평정심을 유지하기 위해 노력하며 말을 고르고 고른다. 스승의 날 다음 날… 책상 위에는 꽃이 있다. 나는 오늘도 내가 택한 선생이란 길이 극한 직업임을 실감한다.

아이들에 대한 기대

선생님은 학생들이 배우기를 바라는 마음으로 이것저것을 쏟아낸다. 자신이 쏟아내는 것들이 학생들의 그릇에 몽땅 다 담기기를 바라면서…. 아이들은 선생님이 부어주는 것의 몇 퍼센트나 받아먹는 것일까? 학생들은 선생님이 쏟아내는 것들의 30분의 1 정도만 담아갈 수 있을 것 같다. 학급에 스물네 명의 반 아이들이 그것을 나누고, 나누는 과정에서 또 얼마쯤은 쏟길 것이고 아이마다 소화할 수 있는 양도, 질도 다를 것이다. 그렇지만 얼마간은 빈 그릇에 밥 알 묻듯 여전히 남아 아이들 속에 심어질 것이다.

아이들에 대한 너무 큰 기대가 문제다. 많이 담아가기를 바라는 것은 선생님의 욕심이다. 배움에 있어 아이들은 자신이 필요한 만큼만 가져간다. 지금 당장 필요한 것과 필요하지 않은 것을 걸러내며, 그저 자신의 욕구를 채우고 돌아간다. 나도 욕심을 내려놓고 절제하는 지혜가 필요하다. 오늘도 나는 욕심의 거품을 걷어내며 출근한다.

6월, 다사다난했다

2주 동안 많은 일이 있었다. 오랜 시간 마음의 상처를 토해내는 한 아이의 내면 깊은 곳에서 올라오는 오열을 모든 친구들과 함께 듣는 긴~ 침묵의 시간이 있었고, 적대적이고 방어적인 학부모와의 상담도 있었고, 따돌림으로 번질 가능성이 있는 아이들 간의 다툼에 신경이 곤두선 시간들도 지났다.

"네가 왕이야?"

사소한 말다툼이 오열로 번지는 데는 긴 시간이 필요하지 않았다. 솔방울 컵놀이를 서로 하려다가 급기야는 네가 왕도 아니면서 왜 명령하냐는 다툼이 벌어졌다. 언제나 힘의 균형이 문제였다. 2:1이거나 4:1의 싸움은 얼마나 공정하지 않은가? 설령 그것이 아무리 옳다 해도 다수 대 일의 상황은 공정하지 않다. 자신이 무언가를 잘못했을 때 다수의 사람들이 그 잘못에 대해 질타를 쏟아내는 상황을 상상해보면, 누구도 그 사람이 자신이기를 원치 않을 것이다. 아이들은 정의와 공평이 무엇인지 생각해 보아야 했다.

다사다난하고 숨 가쁜 6월, 매일이 똑같은 날 같아도 학교는 지루하지 않게 그날그날 새로운 일이 생긴다. 좋은 일, 나쁜 일이 번갈아 가며 조용하지 않게 밀어닥친다. 그래도 아이들과 나는 하나씩 하나씩 잘 해결해 나가고 있다. 나쁜 일이나 슬픈 일은 하나도 안 일어나면 좋겠지만 사람 사는 세상이 어디 그런가. 아픈 만큼 성숙한다지 않은가! 아이들도 나도 학부모도 우린 모두 성장통을 겪고 있는 거다. 다사다난한 이 시간을 즐기자.

거절과 거부

1교시 국어시간이다. 지각하는 아이들 때문에 속이 불편하다. 간추리기 글을 읽는데 아이들의 집중도가 뚝 떨어진다. 나도 기분이 다운 다운 다운…. 아침부터 지각에 대한 잔소리, 플룻 연습을 하나도 안 해온 것 같은 민석이, 축구하느라 맨발 걷기를 하지 않는 아이들…. 여러 가지로 기분이 좋지 않다. 나의 욕구는 무엇인가? 비폭력대화 수업을 들으면서 나의 욕구를 탐색하고 있다. 나의 욕구와 아이들의 욕구가 연결되어야 할 터인데….

나는 아이들이 어떤 것을 거부했을 때 그것을 나에 대한 거부로 받아들이는 면이 있다는 것을 깨닫는다. 아이들이 숙제를 안 해오거나, 정해진 약속을 지키지 않는 등의 행동을 그 아이와 동일시하고 있는 면이 있다는 자각! 아이들도 그럴 것이다. 내가 "안 돼."라고 말할 때, 선생님이 자기 행동에 대해서 말하는 것이 아니라 자기를 싫어한다고 생각할 것이다. 분리해서 생각하지 않으면 사람에 대해 평가하게 된다. 상처받게 된다.

아이들의 사랑 고백

수업을 하다가 아이들에게 느닷없는 사랑 고백을 했다.

"애들아, 선생님이 너희들을 정말 사랑하는 것 같아.

밤에 자다가도 너희들 생각이 나고, 집에서도 너희들 생각을 하고 자다가 깨서도 너희들 생각이 난다.

산책을 하면서도 너희들 생각이 나고 책을 읽으면서도, TV를 보면서도 너희들 생각이 나."

"알아요." 아이들 중 누군가가 하는 말이 얼핏 들린다.

내가 잘못 들었나? 정말 아이들은 알까?

어제는 너무 예뻤다가 오늘은 너무 얄미웠다 하는 선생님의 마음을….

화를 내놓고 집에 가서는 '괜히 꾸중했네. 조금 더 친절하고, 따뜻하게 말할 걸….' 후회하는 마음을.

늘 웃어주고, 다가와서 안아주는 아이들의 사랑만큼 나도 충분히 충분히 사랑해줘야지 생각하는 기분 좋은 날이다.

"애들아. 사랑해!"

아침, 함께 자라는 시간

아침 시간 아이들이 하나 둘 온다. 조용히 독서하자고 했지만 아이들은 큰 소리로 그날의 시작을 알린다. 어제 치킨을 먹었다는 둥 축구를 하고 싶다는 둥 별 특별한 내용이 없지만 아이들은 쉴 새 없이 지저귄다. 아이들의 지저귐은 아침 새들의 지저귐과 닮아 있다. 짹짹 호로롱 깍깍… 아이들의 지저귐이 30분 이상 이어진다.

나와 함께 있는 1년의 시간 동안 아이들이 잘 성장하기를 바란다. 아이들은 키가 자라고 생각이 자라고 마음이 자랄 것이다. 아이들의 1년이 어떤 해이길 기대하는가? 이 1년이 지난 뒤 아이들은 이 시간을 어떻게 기억할까? 아이들의 기억 속의 1년, 행복하였다 말할 수 있는 시간이었음 좋겠다. 아침마다 학교에 가는 일이 신났으면 좋겠다. 나는 하루하루 아이들의 성장을 지켜보는 기쁨으로 나의 1년이 차오르길 기도한다. 우리 같이 자라고, 많이 많이 행복하자.

… Ⅱ

아이들,
배움의 한가운데에서

Ⅱ. 아이들, 배움의 한가운데에서

마동숙을 이겨라

　마블리로 알려진 배우 마동석이 나오는 영화는 아이들에게나 어른에게나 인기가 있다. 마치 슈퍼맨이나 된 듯 불의한 범죄자를 시원하게 응징하는 그의 모습을 보면서 사람들은 대리만족을 느끼는 것 같다. 마동석의 여자 버전이 있다면 이름이 뭘까? 우리 반엔 마동숙이 있다. 아이들은 마동숙과 경쟁을 한다. 거의 매일 "마동숙을 이겨라" 미션을 수행해야 하기 때문이다. 마동숙을 이겨라는 주로 이렇게 진행되었다.

1. 방과후 청소 시간

　개인 쓰레받기에 마동숙이 모으는 쓰레기보다 더 많이 모아야 한다. 마동숙이 필사적으로 쓰레기를 모으면 아이들은 마동숙이 모아놓은 쓰레기를 빼앗아 가기도 하고 남의 자리 쓰레기도 서로 가지려고 난리다.

교실은 단 3분 만에 먼지 하나 없을 정도로 깨끗해진다. 마동숙을 이긴 아이들은 별로 없다. 그렇게 다시 1분의 시간이 주어지면 마동숙은 아이들이 모두 마동숙을 이길 수 있도록 쓰레기를 전략적으로 적게 모은다. 마동숙을 이긴 아이들이 집으로 돌아가고 깨끗해진 교실에 유쾌함이 남는다.

2. 영어 시간

AI펭톡 단계를 마동숙보다 높여야 한다. EBS AI 펭톡은 아이들이 휴대폰으로 영어를 듣고 말할 수 있도록 해주는 유용한 도구다. 마동숙도 아이들과 마찬가지로 AI펭톡에 접속해서 단계 학습을 해야 했다. 마동숙이 공부하지 않으면 금방 아이들이 알아차리고 아이들도 학습을 멈춰버리니 울며 겨자 먹기로 퇴근 후에도 접속을 해야 했다. 마동숙을 가장 괴롭게 한 AI펭톡, 어느 순간 아이들은 마동숙을 제치고 앞서 달리고 있다. 아이들은 뒤처진 마동숙을 보며 승리의 쾌감을 즐기고 있었으리라.

3. 체육 시간

마동숙보다 오래 줄넘기를 해야 한다. 쉰이 넘은 저질 체력의 마동숙은 스무 개 이상을 넘기 힘들다. 걸리지 않고 스무 개만 넘으면 마동숙을 이길 수 있다.

4. 독서

마동숙이 책을 다 읽기 전에 읽고 짧은 독서 후기를 올려야 한다.

아이들은 마동숙이 선생님인 것을 알고 있다. 마동숙을 이기기 위해 마동숙이 얼마나 했나를 체크했다. 마동숙을 이긴 아이들은 싱글벙글 콧노래를 불렀다. 마동숙은 져서 짜증 난다는 듯이 연기도 하고 아이들과 아슬아슬 밀고 당기는 줄다리기를 했다. 아이들은 담임 선생님보다 마동숙을 좋아했고 사랑했다. 진정으로 아이들의 사랑을 받았던 우리들의 마동숙. 그 아이들은 아직도 기억할까? 져서 기쁜, 일부러 져주는 마동숙을···.

꿀통방통 선생님

그해 아이들은 유난히 힘들었다. 걸핏하면 화내고 욕하는 아이, 과잉행동 장애가 있는 아이도 있고, 글자를 못 읽는 아이, 정리정돈이 전혀 되지 않는 아이, 행동이 너무 느려서 늘 기다려줘야 하는 아이 등 너무나 다양한 개성을 지닌 아이들과 만났다. 4월 어느 수학 시간이었다. 전 시간에 과제로 내준 수학익힘책 문제 풀이를 검사하고 있었다. 한 아이의 수학익힘책에서 나는 멈춰섰다. 수학익힘책 양쪽 페이지가 삐뚤빼뚤 알아볼 수 없는 글자로 채워져 있었다. 분노하고 있는 글자들이 날카로운 이빨로 무장하고 툭! 책 밖으로 튀어나올 듯이 적혀 있었다. 나는 눈을 가늘게 뜨고 무슨 글자인지 알아내려고 애썼다. 아이는 두 손으로 제 글자의 입을 막고서는 나와 책을 번갈아 봤다. 숙제 검사를 할 줄 몰랐을 리는 없고, 자기도 모르게 휘갈겨두었던 분노가 하필 수학익힘책이라니…. 어쩔 줄 몰라 하며 당황하는 아이가 할 수 있는 일이 무엇이었을까? 그저 그 작은 손으로 글자들을 가리려 애쓸 뿐이었다.

선생님 바뀌었으면 좋겠다. 젠장 학생도 권리가 있지.

교장 선생님은 왜 이런 아줌마를 불러온 거야.

선생님 사람 빡치게 하네.

그렇게 해봐. 나중에 피눈물 흘릴 거야.

지는 잘못 안 한 줄 아나? 아니야 너도 약속 안 지키거든!

진짜 짜증 나! 뭐가 아니야. 진짜 쇼하고 지랄이야~ ㅋㅋㅋ

선생님 꼴통방통! 가다가 확 넘어져 버려라.

아니, 감옥에 20년 수감되라. 와 그냥 병원에 있어라. 이 아줌마야 !

알아보기 힘든 글자를 읽느라 한참이 걸렸다. 그런데 왜일까? 하나도 기분이 나쁘지 않다. 오히려 살짝 웃음이 나기도 하고, 무엇이 이 아이를 이토록 분노하게 했는지 궁금했다.

"다음에는 딴 데다 적어. 선생님이 안 보는 데다…. 알겠지?"

아이가 빨갛게 달아오른 얼굴로 고개를 끄덕인다. 수업을 모두 마치고 아이들을 보냈다. 한참 후 교실문이 열리더니 꼴통방통 아이가 들어왔다. 공손히 손을 모으고 우물쭈물하더니 어렵게 입을 연다.
"선생님 아까 수학책에요…. 죄송해요."
들키는 바람에 꼴통방통한테 사과까지 하고 참 운수 사나운 날이다.
"아니야. 선생님은 괜찮아. 엄청 화났을 땐 선생님도 그렇게 화풀어."
돌아서는 아이의 뒤통수까지 밝아짐이 느껴진다.

저는 ○번 ○○○입니다

오늘 발표는 마이크를 사용했다. 아이들은 매우 신기해했다. 어제 다 모임에서 말하기를 힘들어하는 두 친구를 발견했다. 친구들 앞에 서서 자기 이름 석 자를 말하는 것도 힘들어했다. 그래서 오늘은 학급 전체에게 한 모둠씩 나와서 마이크를 돌려가며 말하기를 단계적으로 연습했다.
먼저 한 사람씩 나와서 아! 한마디만 하고 들어가기. 누워서 떡 먹기라는 듯 장난스럽게 아! 하고 들어가는 아이, 싱거운 표정으로 아! 하고 들어가는 아이, 큰 용기 내어 아! 하고는 얼굴이 벌게지는 아이…. 그렇게 긴장을 풀고 난 후 이번에는 "저는 ○번입니다."라고 번호를 말하고 들어가게 했다. 시간은 걸려도 친구들에게 놀림받지 않고 정해진 말을 쉽게 하는 경험을 통해 자신감을 가지게 하려는 의도가 먹힌 것인지 반 아이들 모두 즐기면서 개성 있게 번호를 이야기했다. 그 다음 단계로 "저는 ○번 ○○○입니다."(번호와 이름 말하기)를 하고 이제 마지막으로 "저는 ○번 ○○○입니다. 오늘 기분은 ~ 입니다."로 자유로이 한 문장을 더 보태게 했다.

※ '아' 말하기 → 저는 ○번 입니다. (번호 말하기)
 → 저는 ○번 ○○○입니다. (번호와 이름 말하기)
 → 저는 ○번 ○○○입니다. 오늘 기분은 ~ 입니다. (번호, 이름, 기분 말하기)

연습을 하면서 어제까지 있는 듯, 없는 듯 목소리도 듣기 힘들던 수정이가 이렇게 긴 문장을 말하는 것을 보고 기분이 흐뭇했다. 이제 말문이 트였으니 조금씩 조금씩 자신감도 회복하기를 바란다. 아이들은 번호나 이름 같은 정해진 답을 말하기는 잘한다. 그런데 정해지지 않은 자신의 기분을 말하는 것을 어려워한다. 정해진 답이 아니라 자신의 생각과 의견을 말하는 연습은 사람이 살아가는 데 정말 중요하다. 아이들이 자신의 생각과 의견을 말할 수 있도록 자주 질문하고 잘 들어줘야겠다.

선생님이 미안해

국어 시간 띄어쓰기의 중요성을 이야기하다가 한 아이의 표정이 확 변하는 것을 느꼈다. 자신은 "띄어쓰기가 중요한지 알지만, 하지는 않겠다."라면서 화를 냈다. 내가 실물화상기로 잘못된 띄어쓰기의 예를 들며 그 아이의 노트를 보여준 것이 화근이었다. 나에게 적대적으로 대하는 아이의 반응이 적잖이 당황스러웠다. 그 아이뿐 아니라 많은 아이들이 자주 실수하는 것인데 마침 그 아이의 실수가 내 눈에 띄었고, 아이들에게 알려줘야 한다는 마음에 큰 실수를 하고 말았다. 그 아이를 탓하고 비난하려는 의도가 전혀 없었지만, 아이 입장에서는 선생님이 여러 사람 앞에서 자신을 공개적으로 망신 주는 것으로 여겨졌던 것이다. 뒤늦게 아이가 느꼈을 감정에 대해 생각해 보니 '나는 참 부족한 선생님이구나.' 하는 생각이 든다. 아이의 노트를 잘못된 예시로 들어 써서는 안 되는 거였다.

삐딱하게 앉아 '중요하다는 걸 알지만, 하지는 않겠다'는 아이의 무례함 뒤에는 아이를 향한 나의 무지막지한 무례함이 있었음을 인정하고 단단히 토라진 아이를 불러 사과했다.

"호준아, 선생님이 호준이 노트를 가지고 설명을 해서 호준이가 기분이 나빴지?

호준이가 얼마나 속상했을까 싶어서 선생님이 참 미안하다는 생각이

들어.

선생님이 거기까지는 생각을 못 했네.

호준이가 글짓기도 잘하고 수학도 잘하고, 잘하는 것도 많은데 …. 그지?"

호준이가 씩 웃는다. 상처를 주는 가르침이 무슨 소용이 있는가 하는 생각이 든다.

질문은 힘이 있다

태호가 급식소에서 계속 팔짝팔짝 뛰며, 산만한 행동을 했다. 점심을 먹으러 오기 전에 이미 교실에서 급식소에서는 뛰거나 시끄럽게 떠들지 않았으면 좋겠다고 귀에 딱지가 앉도록 이야기했건만…. 태호에게 눈을 맞추고 손으로 주의를 주었다고. 밥을 먹으려고 줄 선 급식소에서 질서를 지켜 서는 것은 중요하다. 몇 초가 지나지 않아 태호가 다시 또 팔짝팔짝 뛰고 이리저리 움직였다. 태호의 행동이 눈에 거슬리고 부아가 슬슬 올랐다. 저 녀석이 나를 무시하나 싶기도 하다. 아이에게 다가가 버럭 화를 내며 꾸중이라도 해야 할까 고민되는 순간, 다시금 심호흡을 했다.

"급식소에서 줄을 서서 차례를 기다릴 때 어떻게 해야 할까?"

태호는 이내 팔짝팔짝 뛰기를 멈추었다. 꾸중보다는 질문의 힘이 발휘되는 순간이다. 아이는 자신의 행동에 대해 생각하고 자신이 어떤 행동을 할지를 선택할 기회를 얻은 셈이었다. 뛰기를 멈춘 아이의 머리를 쓰다듬으며 돌아서는 마음이 흐뭇하다. 마음속으로 나의 머리도 쓰다듬는다. 잘 참았어. 마동숙!

우리는 왜 이곳에 있는가

늘 단정하게 머리를 묶어오는 아이가 울상이 되어 쫓아왔다. 모둠 활동을 할 때 모둠의 남학생 한 명이 계속 자기를 '마기꾼'이라고 놀린다는 것이다. 나는 마기꾼이 뭔지 물었다. 마스크를 쓰면 예쁘게 보이는데 마스크를 벗으면 못생긴 사람이라는 뜻이란다. 코로나로 마스크를 쓰고 다니다 보니 발음도, 뜻도 요상한 신조어를 만들어내는 인간의 능력은 왜 이렇게 사람의 마음을 상하게 하는 쪽으로 발달되는지…. 나는 이 문제를 학급 회의의 의제로 올려 함께 해결하자고 제안했다.

학급 회의는 반 전체가 둥글게 원으로 앉아서 시작한다. 서클 모임을 하듯 토킹스틱을 가진 친구만 발언권이 있다. 토킹스틱은 원을 따라 옆 사람에게 전달되고 말하고 싶지 않은 친구는 패스할 수 있도록 했다. 첫 번째 토킹스틱을 돌릴 때는 감사한 것을 이야기했다. 두 번째로 돌아가는 토킹스틱은 서로 칭찬하는 말을 하면서 돌아갔다. 마지막 라운드는 학급에서 마음이 불편한 일에 대해 말했다. 아이들은 감사를 찾아내고,

서로 칭찬하고 격려하며 웃었다. 학급의 불편한 문제를 이야기할 때 처음에는 아무도 말하려 하지 않더니 얼마 후에는 서로 말할 것이 있다며 야단이다. 학급 회의를 통해 마기꾼 등 친구를 놀리는 다양한 모습에 의견을 나누었다. 아이들은 스스로 문제를 해결할 힘이 있다. 성급한 마음으로 교사의 차원에서 빨리 해결해 버리려는 시도는 근본적인 문제는 그대로 둔 채 단순 봉합 차원에 머물고 말 가능성이 크다. 급한 마음을 버리고 차분히 문제를 들여다보면 의외로 그 안에서 배우는 것이 많다. 우리는 친구를 놀리는 문제에 대해 해결에 초점을 두고 왜 이것이 문제인지, 어떻게 하면 이 문제를 잘 해결해 나갈 수 있을지를 생각했다. 그 과정에서 장난과 장난이 아닌 것 등에 대해 의견을 나누고. 우리가 왜 이곳에 있는지에 대해 생각해 보는 시간을 가졌다. 우리는 서로 돕기 위해 이곳에 있다.

우리는 비난이나 평가가 아닌 문제 해결에 집중한다.
기분이 좋을 때 뭐든 더 잘하게 된다. 나도 옳고 너도 옳고 다 옳다. 서로 다를 뿐이다.

소리 없이 마음이 자란다

 급식 시간에 장훈이가 화가 났다. 옆에 유성이가 앉으면 안 된다는 거다. 이유는 모르겠지만, 며칠째 옆에 앉는 친구를 마음대로 정하고 싶은 모양이다. 그래서 장훈이에게 오는 순서대로 앉는 거라고 말했더니 화를 참는다. 급식을 먹는 중에 장훈이가 옆에 앉은 유성이가 다리를 벌리고 앉는다며 티격태격한다. 유성이는 들리지 않는다는 듯 반응이 없다. 속으로 화가 나려고 하는데 장훈이를 비난하지 않고, 문제를 해결하는 방법을 먼저 생각했다. 유성이에게 선생님 옆으로 자리를 옮길 수 있냐고 물었다. 유성이가 흔쾌히 자리를 옮겼다. 장훈이의 행동이 별일이 아니라는 듯이 반응하는 유성이의 행동이 의아하기까지 했는데, 하교 시에 아이들이 다 나가고 나서 태호가 나에게 와서 살짝 말했다.
 "선생님, 장훈이가요, 작년에는 굉장히 심했는데 이번 학년에 와서는 훨씬 화를 덜 내고 많이 좋아졌어요."
 태호의 말에 기분이 흐뭇해진다. 작년보다 나아졌다니 다행이긴 한데 일시적인 현상이 되지 않도록 일관성이 필요하다.
 아이들의 내적 성장은 눈에 보이지 않는다. 매일 아주 조금씩 자란다. 부모의 사랑, 교사의 노력, 긍정적 환경 속에 아이들은 성장한다. 부모와 교사는 아이들의 성장을 지켜보는 특권을 누리는 존재들이다. 장훈이의 하루가 어제보다는 나아지길, 넓은 세상에 어울려 잘 살아갈 뿐 아니라, 훌륭한 어른으로 자라나길 기도한다.

딱지 한 장이 만든 소동

　며칠째 남자아이들이 딱지치기를 한다고 복도가 소란스럽다. 학급에 가지고 놀 것이 없다 보니, 아이들이 딱지를 접어서 놀고 있다. 딱, 딱! 딱지 소리가 복도에 울려 퍼진다. 아이들은 넘치는 에너지를 발산할 무언가가 필요하다. 바닥을 힘껏 내리치는 딱지치기는 벌떡 뒤집어지는 게 보임과 동시에 바닥을 두드리는 소리까지 요란하니 아이들에게 누르고 쌓인 스트레스를 풀기에는 딱 제격일는지 모른다.
　급기야 딱지치기의 부작용이 나타났다. 수업 시간에도 딱지 접기를 하는가 하면 저희 딴에는 보물 1호인 딱지를 서로 주고받고 하면서 문제가 터졌다. 태호가 서럽게 운다. 재동이가 태호 닦지 그룹에서 나갔는데 그룹을 나가는 사람이 딱지를 다 주기로 해놓고선 주지 않는다는 거다. 재동이는 태호에게 딱지를 주려고 마음먹고 있었는데, 주기도 전에 태호가 선생님에게 가서 일러서 이렇게 되었다며 억울해서 죽겠다는 표정으로 자기가 가진 딱지를 태호에게 준다. 이미 마음이 상해버린 태호는 앉아서 눈물을 쏟고 있고… 아이들이 태호에게 가서 위로를 한다. 천사였다가 아니었다를 반복하는 아이들…. 친구들이 모두 체육 수업을 하러 강당으로 가고 태호는 10분을 더 울고 나서 체육 수업을 간다. 마음이 풀린 아이를 보니 나에게도 평안이 찾아온다.

선생님, 왜 저 모른 척했어요?

오늘 체육 수업을 못한다고 전담 선생님께 이야기하러 강당에 갔다. 강당에는 우리 반 체육부 성호가 있었다. 나는 그냥 가볍게 웃어주고 체육 선생님을 만나고 돌아왔다. 1교시 시작 전, 성호가 나에게 와서 묻는다.

"선생님 아까 강당에 왔었죠? 저는 선생님 봤어요. 그런데 선생님 왜 저 모른 척했어요?"

순간 성호의 마음이 느껴졌다. 선생님이 반갑게 인사해 주리라 기대했던 성호, 성호에게 괜히 미안해서 말했다.

"그랬구나. 미안해, 선생님이 오늘 아침에 좀 바빴어. 미안해…."

아이들을 대할 때 세심한 마음이 필요한데… 나는 늘 세심함이 부족하다.

갑자기 세심함이 부족했던 또 다른 사건이 떠오른다. 은빈이가 작은 딱지를 보여주며 내게 묻는다.

"선생님, 이 안에 뭐가 있게요?", "몰라."

"이 안에 이렇게 보면요, 이런 게 들어 있어요."

은빈이가 딱지 안에서 작은 딱지를 꺼낸다. 딱지가 알을 낳은 듯 작은 딱지가 나온다.

"오~" 하면서 나는 돌아서서 밖에서 떠드는 아이들을 향해 앞문으로 나갔다. 그때는 못 느꼈는데 은빈이가 속상했을 것 같다. 선생인 나는 은빈이의 세계에 들어갈 기회를 놓쳐버린 것이다.

아이들이 저를 배신했어요

학급 임원 선거를 했다. 아이들은 친구를 추천하기도 하고 자기 자신을 추천하기도 했다. 여자아이들 중에는 하고 싶어 하는 아이들이 별로 없었는데, 남자아이들은 그렇지 않았다. 며칠 전부터 자신을 뽑아달라고 열심히 선거운동을 하고 다니는 아이들이 눈에 띄는 것 같더니만, 오늘 투표 결과를 보고 민석이가 화가 나서 나에게로 달려왔다.

"일곱 명이 나 뽑아주기로 약속해놓고선 세 명이나 배신했어요."

아이들의 배신에 억울하고 속이 상한 민석이의 마음이 이해된다. 반장이 되고 싶어서 얼마나 열심히 선거운동을 했던가. 웃으며 이리저리 좋은 말로 부탁하느라 애썼는데, 민석이 앞에서는 그러겠노라고 철석같이 약속하고선 투표에서는 마음을 바꿔 다른 친구를 찍어버린 아이들. 그 마음도 아주 이해하지 못할 일도 아니다. 사람의 마음속에는 수백 가지 변수들이 존재하는 법이니까….

소확행

　교사로 살면서 행복한 순간은 아이들에게 사랑받을 때다. 아이들도 선생님에게 사랑받는다 싶을 때 학교 가는 게 신바람 나고 즐거울 테지만 선생 된 사람도 별반 다르지 않다. 오늘도 점심시간에 맨발로 운동장을 걸었다. 아이들이 하나둘 합류한다. 점심을 먹고 배가 부른 아이들이 맨발로 땅의 감촉을 느끼며 삼삼오오 깔깔대며 웃는다. 그늘진 곳의 찬 흙을 밟으며 비명을 내지르기도 하고 뭐가 그리 좋은지 폴짝폴짝 토끼처럼 뛰기도 한다. 교실에서는 귀가 얼얼하게 시끄럽던 비명소리가 운동장에서는 그저 이렇게 사랑스럽다. 큐티 준하의 발랄함, 근애의 해맑은 웃음, 민석이의 미소, 은아의 경쾌한 목소리, 은샘이와 아영이도 덩달아 신나 한다. 끝나고 발을 씻고 교실로 들어오는데 아이들의 행복감이 나에게로 전염되어 고요한 밀물처럼 밀려온다. 아이들은 선생을 보고 자란다.
　태호가 체육을 하러 가기 전에 선물이라며 초코 과자를 내민다. 감동이다. 아이들의 마음이 내 마음에 행복의 파문을 일으킨다. 소소하지만 확실한 행복의 순간이다. 초코 과자를 입에 넣어 음미하며 먹는다. 씹어

먹기 아깝다. 행복의 맛이다. 점심시간에는 은빈이가 "선생님, 식사 맛있게 하셨어요?" 한다. 한마디 말로도 충분하다. 나를 좋아한다는 마음이 전해져서 감사하다. 방과후엔 서로 감사한 것들을 전한다. 나에게 누군가 와서 "선생님, 위로해주셔서 감사합니다." 한다. 누구였더라…. 기억이 나질 않는다. 나는 오늘도 이렇게 아이들의 사랑을 아무 대가 없이 과분하게 받는다. 오늘 아이들을 행복하게 해야 할 책임이 나에게 있다.

삼월이가 날아오다

맨발 걷기를 마치고 교실로 가는데 복도에서 세호를 만났다. 세호가 헤어스타일이 바뀐 나를 보고

"개이쁘네." 한다. 기분이 나쁘지 않다. 선생님을 보고 "개이쁘네."라니…. 헛웃음이 나온다. 그래도 예쁘다 하니 넘어간다. 그런 세호와 첫 교시부터 한판 힘겨루기를 했다. 교실 천장에 붙은 나방이 원인이었다. 아이들은 벌레가 있다며 질색을 했다. 여기저기에서 소리를 지르고 어떻게 하냐며 약속이나 한 듯 과민반응을 해댔다. 세호는 징그러워 죽겠다며 화를 내며 소리를 질러대고 책상을 옮기기까지 했다. 혼자만 툭 튀어나온 책상이 눈에 거슬려 책상을 다시 붙이라고 했더니 세호가 싫다며 질색팔색했다. 아이들이 나에게 어떤 조치를 취해주기를 기다리고

있었다.

 아이들이 원하는 것은 저 징그러운 벌레가 눈 앞에서 사라지는 것이었다. 나는 징그럽다는 생각은 너의 생각이고 선생님이 보기엔 징그럽지 않다고 말했다. 벌레 입장에서는 징그럽다는 말이 기분 나쁠 거라고, 우리에게 아무 나쁜 짓도 하지 않는 벌레에게 나는 아무 짓도 하고 싶지 않다고 말했다. 저 벌레도 우리 반 멤버로 받아주고 싶다고, 그냥 우리와 같이 공부하려고 저기에 있을지도 모르는 일이라고…. 아이들 중 몇몇이 "저는 징그럽지 않아요. 예뻐요."라며 내 말에 힘을 실었다. 이윽고 세호가 "저도 생각이 바뀌었어요. 귀여운 것 같아요. 그러니까 우리가 키워요."한다. 이렇게 생각이 쉽게 바뀔 수가!

 아이들은 스펀지같다. 생명에 대해 존중하는 마음…. 우리의 생각이 잘못되었을 수도 있다는 열린 마음을 경험할 수 있었던 날이다. 나방에게 삼월이라는 이름을 지어줬다. 삼월아 안녕? 반가워. ^^

궁금증 천국

 장훈이는 질문이 많다. 천정에 있는 삼월이가 알을 낳으면 어떻게 되는지, 만약 우리가 키우면 어떻게 되는지, 알림장을 두 번째 줄부터 써도 되는지, 청소를 지금 해도 되는지, 미술 시간에는 검은색으로 색칠해도 되는지. 아주 사소한 것부터 허락을 받지 않아도 되는 것조차 일일이 물어본다. 잘하고 싶은 마음일 거다 생각하지만 때로는 질문을 덜 해주었으면 하고 생각할 때도 있다. 수업 중에 수업과 관계없는 질문들을 툭 던질 때가 있다. 호수에 툭 던져진 돌맹이가 일으키는 파문처럼 마음이 일렁이는 것을 느끼기도 한다. 아이를 가만히 불러다가 궁금한 것은 쉬는 시간에 물어봐 달라고 말했다. 장훈이는 내 말을 들으며 어떤 생각을 했을까 궁금하다.

오늘 하루도 나의 제자들은 바쁘다. 덩달아 나도 바빴다.
＋ 무릎으로 기어다니는 태호 ＋ 끊임없이 억울함을 호소하는 세호 ＋ "아이씨 상처받네."를 연발하는 호동이
＋ 복도를 쉴 새 없이 뛰어다니는 준열이 ＋ 짧은 설문지를 이곳저곳 붙이고 다니는 경주 ＋ 매일 캐릭터를 그리는 영서….

후유! 개성도 제각각인 우리 반 아이들, 나의 학생들은 오늘도 하루를 잘 살아냈다.

그들의 빛나는 오늘을 나는 응원한다.

건강하다는 증거

준하가 아침부터 골골한다. 맨발 걷기를 하러 나가는데 컨디션이 안

좋으니, 교실에 있겠다고 한다. 늘 에너지가 넘쳤던 준하가 오늘은 영 힘이 없다. 이마를 짚어보니 미열이 있다. 큐티 준하가 오늘은 'sick' 준하이다. 급기야 2교시를 마치고 조퇴를 하겠단다. 많이 아픈가 보다. 부모님과 통화를 하고 집으로 돌려보냈다. 몸이 아파서 떠들지도 뛰지도 않는 준하를 보며 떠들고 뛰는 것이 감사하다는 생각이 든다. 아이들이 떠들고 뛰는 것은 건강하다는 증거이니 말이다. 그러니 아프지 않고 떠들며 노느라 속 썩이는 건 애교로 봐줘야 하나 싶기도 하다. 애들아, 아프지 마라. 아프지 말고, 신나게 놀고 신나게 배우고 신나게 자라자.

진우의 선택

앞에서 두 번째 앉는 진우는 멋대로 하고 싶은 아이다. 4교시 체육 전담 시간인데 교실에 돌아왔다. 왜 왔는지 물으니 체육 선생님이 아프면 교실에서 쉬라고 했다 한다. 다리가 아프단다. 오전부터 점심시간까지 진우와 힘겨루기를 했던 터라 진우의 속마음을 들어볼 기회라는 생각이 들었다.

"진우야, 친구들이 진우 보고 웃는 게 싫어?", "네. 친구들이 비웃는 것 같아서 싫어요. 친구들이 저보고 돼지라고 하고, 삼겹살 3인분 먹는다고 했어요. 그리고 누구는…."

진우는 그동안 아이들의 놀림을 마음에 쌓아두고 있었다. 끝도 없이 아이들을 고발하고 억울하고 속상했던 일들을 이야기한다.

"응~ 그래서 진우가 친구들에게 화를 내면서 말을 하고, 친구들이 웃는 걸 싫어하는구나. 우리 진우 힘들었겠네."

"내가 웃긴 이야기했을 때 웃는 것은 괜찮은데 그냥 웃는 것은 싫어요." 한다.

그동안 진우는 아무도 모르게 조용히, 속으로 좌절하고 힘들었던 것이었는데…. 자세히 들여다보지 않으면 아이의 마음은 보이지 않고, 그냥 문제 행동만 보일 뿐이라는 것을 생각하게 된다. 진우가 첫날부터 짝꿍 경민이와 쉴 새 없이 이야기하고 수업에 집중하지 못하는 모습이 불편했었다. 몇 번 주의를 주었지만 고쳐지지 않아 고민이었는데, 마침 점심시간에 경민이랑 다투면서 짝꿍이 바뀌어도 괜찮겠다는 말을 했다. 진우에게 어떤 친구가 공부를 잘 도와줄 수 있을지 생각해 보라고 했더니 우리 반 성준이를 꼽았다. 쉬는 시간에 성준이에게 진우와의 대화에 대해 이야기해 주었고, 진우의 선택에 대해 성준이의 의견을 물었다. 성준이는 흔쾌히 승낙했고, 진우는 새로운 짝 성준이와 같이 앉게 되었다. 성준이가 진우를 잘 도와주기를 기대한다. 진우가 긍정적인 피드백을 많이 받아서 친구들이 자기에게 우호적이라는 생각을 가질 수 있었으면 좋겠다. 서로 돕지 않으면 아무도 행복해질 수 없다.

우리 세호가 달라졌어요

"시끄러워, 조용히 햇!" 소리 지르던 세호가
"시끄럽습니다. 조용히 해주십시오~ " 한다.

이 얼마나 큰 발전이란 말인가? 나도, 친구들도 눈 동그랗게 뜨고 예기치 못한 반전에 잠시 어리둥절했다. 나는 정신을 차리고 세호에게 엄지척하며, 박수를 쳤다. 아이들도 따라서 와~ 하고 박수를 친다. 세호가 어깨를 으쓱하더니, 입이 귀에 걸린다.

아~ 나는 정말 행복하다. 아이들이 변하고 있다. 우리 세호가 달라지고 있다. 사람이 변하는 게 시간이 더디고, 변하는가 싶다가도 도루묵이다 싶은 시간들의 연속이지만 조금씩 조금씩 나의 아이들은 변하고 있다. 나무가 자라듯 생각과 마음이 자라고 있다. 조급하지 않게 인내하며, 낙심하지 않고 잘 기다려주면 된다. 병아리가 알을 깨고 나오듯 아이들이 변하는 모습을 보는 특권. 이 자리에 있음이 가슴 벅차게 행복한 하루다.

동정심이 뭐예요?

학교폭력 실태조사를 위해 설문지를 하는데 아이들의 질문이 쏟아진다.

"동정심이 뭐예요?", "측면이 뭐예요?", "근거는 뭐예요?" 아이들에게 쉬운 단어로 말해야 한다는 것을 다시 한번 느끼는 날이다. "감소가 뭐예요?" 같은 질문을 여러 번 하는 아이도 있다. 벌써 네 번째다. 대답하기도 입이 아플 지경이다. 질문은 좋은 것이지만 그야말로 감당하지 못할 질문 폭탄이다.

친구야~ 너의 질문의 수도 감소했으면 좋겠구나!

화산이 폭발하다

화산이 폭발할 정도로 화가 났다. 그 아이의 무차별 짜증과 화냄, 쉴 새 없는 중얼거림과 흥얼거림, 친구들을 향한 폭압적인 명령과 버럭 소리 지름….

"뭐 어쩌라고!"

"싫어요. 네~ 네 네 네~"

같은 깐죽거리는 듯한 빈정거림. 언제쯤 이력이 날까? 반복되는 일들에 내성이 생기기도 하련만 매번 속이 상한다. "비난하지 않기, 좀 더 사랑하기"를 매일 아침 다짐하건만 급기야는 소리를 치며 아이에게 다가가 화를 냈다. 같이 지내다 보면 화도 전염이 되고 좋은 기운도 전염이 된다. 일의 시작은 이랬다.

재훈이: "요구르트 이름에는 다네, 이오…."

은정이: "뭐 어쩌라고? 기분 나빠. 왜 놀리는데? 부끄럽다고. 하지 말라고!"

재훈이: "그냥 이응(ㅇ)이 들어간다고.."

은정이는 요구르트를 좋아한다. 그래서 집 냉장고에는 늘 요구르트가 있다고 했다. 재훈이는 은정이와 사이가 좋지 않다. 아마 작년에 둘 사이에 무슨 일이 있었나 보다. 재훈이가 왜 갑자기 요구르트 이야기를 꺼냈는지, 은정이에게 어떤 의도로 그렇게 말했는지는 모르겠다. 그렇지만 은정이는 재훈이가 자신을 놀리는 거라고 받아들였다. 단순히 은정이가 이상한 것일까? 아니면 재훈이에게 다른 의도가 있었던 것일까? 은정이가 억울한 건지 재훈이가 억울한 건지는 모르겠다.

선생님으로서 눈에 보이는 것을 보이는 대로 판단하는 것과 보이지 않지만 보아야 하는 것을 보지 못하는 것은 위험한 일이다. 겉으로 보이는 문제를 해결한다고 끝이 아니다. 더 깊숙이 박힌 마음의 문제…. 체한 듯 답답하다. 눈에 보이지 않는 것을 볼 줄 아는 지혜가 있었으면 좋겠다.

엄마의 도움이 필요해

세호에게 잠시 밖에 나가 마음을 식히고 오라고 했다.

"세호야 일어나."

"싫어요."

"일어나."

"아. 싫어요. 싫다구요!"

무력감과 분노가 일렁인다.

"선생님이 지금 너무 속상해서 너를 때리고 싶은데 어떻게 할까?"

"안 되는데요." 아이가 당황한다.

"그러면 너는 아이들에게 욕하고, 소리 지르고, 선생님한테 대들고 너 하고 싶은 대로 다 하잖아.

너는 친구들이 불편하든 말든 하고 싶은 대로 다 하고, 선생님은 왜 하고 싶은 대로 하면 안 되는데?"

아이가 못 들은 척 말이 없다.

"세호는 학교에 배우러 오는 게 맞니?"

"아뇨. 그냥 오는데요." 한다

"선생님은 어떻게 세호를 도와줘야 할지 모르겠다. 세호 엄마와 상의를 해야 할 것 같다.

어떻게 하면 너를 도와줄 수 있을까? 엄마와 의논하고 도움을 구해야 할 것 같다."

아이는 금방 "안 돼요. 제가 잘못했어요. 엄마 부르지 마요." 한다.

아이는 엄마를 무서워한다. 엄마를 무서워하면서, 선생님은 하나도 안 무섭나 보다.

"제가 다 고칠게요. 제가 다 고칠게요."

간절함이 뚝뚝 묻어나는 소리로 애원한다.

한풀 꺾인 아이에게 그러면 뭘 고쳐야 한다고 생각하는지 물었다. 아무 말이 없다. 친구들이 세호에게 바라는 것을 들어보면 좋겠다고 말했다. 세호가 그러겠다고 약속했다. 아이의 좌절이 느껴졌다. 세호도 그러고 싶지 않지만 마음대로 잘 되지 않아서 힘들 거라는 생각을 한다. 욕을 안 하고 싶지만, 중얼거리고 싶지 않지만, 책상을 꽝! 치고 싶지 않지만, 선생님 말씀에 말대답하고 싶지 않지만, 쉬는 시간에도 조용히 놀고 싶지만, 마음대로 되지 않아서 힘들 거라는 생각이 들어 안쓰러운 마음이 든다. 세호가 어떻게 하면 학교생활을 편안히 할 수 있을까?

- 화가 나면 밖에 가서 물을 마시고 들어온다.
- 세호가 중얼거릴 때 옆에 친구가 팔을 만져준다
- 세호가 욕을 하면 친구들은 못 들은 척해준다.
- 세호가 싫다고 하는 행동은 하지 않는다.

세호는 자라고 있다. 변하고 있다. 쉬는 시간 내게 와서 말한다.

"있잖아요. 선생님 책상 앞에 앉으면 안 돼요? 선생님 앞에 앉고 싶어요. 선생님이랑 이야기하고 싶어요."

아이가 내게 마음의 문을 열고 있음이 감사하다. 세호에게 다음 달에 그렇게 해주마 약속했다.

지금은 친구들이 '선생님이 세호만 예뻐한다'고 오해할 수도 있다고 말해주었다.

대충 그리는 미술 시간

봄이 왔다. 봄 분위기 물씬 풍기는 예쁜 도안에 색칠을 하고, 나비를 오려 붙인 그림들이 2반 창문에 붙었다. 아이들이랑 급식실로 가면서 잠시 멈추어 서서 너무 예쁘다며 감상을 하고, 우리도 해보자고 했다.

첫 미술 시간. 인쇄한 도안을 나눠주고 영상으로 어떻게 하는지를 보여주었다. 30분이 채 안 되어 다했다며 들고 오는 재석이의 작품, 대충 한 아이의 작품이 마음에 차지 않는다. 재석이에게 바탕도 칠하고, 꽃도 한두 개 더 붙이고, 조금 더 해보라고 하니 "다했는데요." 한다. 무엇이 문제일까? 실망스러운 마음을 가다듬고 문제를 찾는다. 잘못은 나에게 있었다. 수업을 제대로 잘 준비하지 않은. 도안을 준비하고 영상을 준비하는 것이 수업 준비라고 착각한 나의 잘못이 크다.

이 활동을 왜 하는지?

무엇을 배우려고 하는지?

최선을 다하고 성실하게 작품을 완성하는 것이 왜 중요한지?

아이들이 잘하기 위해 선행되어야 할 것, 동기!

아이들에게 물었다. 우리는 왜 이 활동을 했을까?

"2반이 해서요." 2반 것을 보고 따라 한다는 말이다. 나를 부끄럽게 하는 말이다. 바쁜 3월을 핑계 대며 수업 목표에 대한 고민 없이 진행한 미술 수업에서 20년 차 교직 경력은 아무 쓸데없는 산산이 부서진 이름이다. 미술 시간이면 해마다 겪는 일이다. 어떤 아이는 두 시간이 지나도록 끝내지 못하고, 어떤 아이는 2~30분 만에 다 끝났다고 대충한 것을 들고 온다. 그리고 남은 시간을 장난치고 떠들고 논다. 아이들은 오늘도 나를 가르친다. 수업료도 내지 않고 나는 그들에게 선생 됨이 뭔지를 배운다. 학교에 가면 순수한 영혼의 선생님이 있다. 늘 내게 웃음을 주는 그런 멋진 꼬마 선생님들이다.

아이들은 나의 선생님

도덕 시간에 예절에 대한 수업을 했다.

인사의 중요성, '~까? ~다'로 말하기를 연습하면서 실제로 그렇게 말하는 것이 상당히 쉽지 않다는 것을 알았다. 높임말을 사용한다는 것은 상대방을 높인다는 거다. 언제나 상대를 낮추고, 내가 높아지려는 습성을 가진 우리들의 일상에 높임말은 얼마나 소중한 말인가? 상대방을 높인다는 것, 내가 매일 마주하는 아이들을 높인다는 것, 내 삶에 참 필요한 일이다. 자칫 무시할 수도 있는 내 마음의 허리를 동이며 나는 날마다 허리를 굽혀 아이들의 눈높이에 서야 한다. 아이들은 나의 선생님들이다.

　영어 시간에 챈트를 했다. 아이들이 챈트를 처음 해보는지 하면서 점점 소리가 높아진다. 여러 번 반복하면서, 다 외워버린 것이 대견하다. 모둠별로 챈트 검사를 하니, 어려워하는 아이들이 누군지 어느 정도 파악이 된다. 그래도 열심히 해주는 아이들이 감사하다. 하루하루가 바쁘게 빨리 지나간다.

전담 수업이 많은 수요일

　수요일, 오늘은 전담 수업이 세 시간이다. 다섯 시간 중에 세 시간을 조용히 내 할 일을 할 수 있으리라 기대했건만…. 과학 시간에 세호가 욕했다. 체육 시간에 재석이가 소리 질렀다. 원성이 쏟아진다. 3교시 영어 수업을 망치고 싶지 않아서 못 들은 척했다. 아이들과 신나게 영어

송, 챈트를 했다. 아이들과 교실을 빙글빙글 돌며 송과 챈트를 했다. 내가 앞에서 장단을 치며 앞장서고, 아이들이 브레멘 음악대처럼 춤을 추며 따라왔다. 복도를 손뼉 치고 아프리카 부족의 축제 행렬처럼 행진하는데 다른 반 아이들이 우르르 구경하러 몰린다. 아이들이 "아~ 쪽팔려. 선생님. 쪽팔려 죽겠어요." 얼굴을 가리고 야단이다.

"배우는 데 쪽팔리는 게 어디 있어? 재미있게 공부하면 그게 제일이지!"

아이들은 모른다. 공부가 얼마나 신나고 재미있는 일인지. 쪽팔린다고 하면서도 아이들 얼굴에 웃음이 그득한 걸 내가 모를 줄 알고!

4교시 도서관 수업을 보내고 세호만 남겼다. 장훈이와 과학 시간에 있었던 일에 대해 이야기했다. 다른 친구에게 친절하게 말하는 연습을 하고 5교시에 친구들 앞에서 사과하고 약속하기로 했다. 세호는 부끄러웠겠지만, 용감하게 사과하고 아이들에게 친절하게 말하겠다고 약속했다. 날마다 세호가 변하는 모습이 감사하다. 날마다 속으로 세호를 응원한다. 세호는 차근차근 말하면 잘 이해하고 자신의 잘못도 잘 인정하는 착한 아이다. 세호가 때론 무례하고 예의 없게 행동할 때도 있지만 나는 세호가 참 좋다.

5교시 시작 전 쉬는 시간에 잠시 소란이 생겼다. 아영이도 울고, 경민이도 울어서 눈이 벌겋다. 아이들에게 사회 모둠 학습을 하라고 시켜놓고, 아영이와 경민이를 연구실에 불러 각자의 이야기를 들었다. 아이들은 상대편의 이야기를 잘 들어주었다. 그리고 상대방의 잘못이 아닌 자기 잘못에 대해 말해달라고 했을 때 자신을 돌아보기 시작했다. 금방 아이들의 마음이 솜사탕처럼 녹는다. 아이들은 이 일로 무엇을 배웠을까? 아무리 장난이어도 남의 얼굴에 함부로 손을 대면 안 될 일이다. 어떤 일은 절대로 절대로 하면 안 될 일이라는 걸 아이들이 알기를 바란다.

가위바위보

1교시 체육을 다녀온 아이들이
"선생님, 있잖아요~ 건호가요~" 건호가요, 건호가요 하면서 이랬다는 둥, 저랬다는 둥 일러바치기에 바쁘다. 건호와 장훈이가 가위바위보를 하다가 벌어진 일이다.

건호가 화가 나서 "병신 같은 게."라고 했다는 것이다. 재석이는 장훈이에게 건호가 한 말을 그대로 알려주고, 장훈이가 화가 나서 씩씩거렸다. 조용히 건호를 불러 무슨 일이 있었는지 물었다.

"저는 원래 주먹만 내는데요. 장훈이가 제가 주먹만 내는 걸 알면서도 따라 했다고 생각했어요."

이건 또 무슨 말일까? 아이들의 말은 들어도 무슨 말인지 모를 때가 많다. 건호에게 무슨 말인지 자세히 설명해달라고 했다. 건호는 장훈이가 주먹을 낸 것에 화가 났다고 했다. 자기가 주먹 낼 것을 알고 자기를 따라 장훈이도 주먹을 냈다는 것이다. 건호가 가위, 바위, 보 중 주먹을 선택했다면 장훈이도 가위, 바위, 보 중 무엇을 낼지 선택할 수 있다고 했더니 주먹은 자기만 낼 수 있는 거라고 생떼를 쓰는 건호. 건호는 오늘도 상상을 빗나가는 말을 한다.

건호에게 "장훈이가 무엇을 내든 그것은 장훈이의 자유다, 가위바위보 게임의 규칙이다."라는 말로 설득하다가 그냥 건호의 감정을 읽어주기로 했다. 장훈이는 장훈이대로 속상하고, 재석이는 이 상황을 즐기고 있는 것 같기도 하다. 아이들이 자신의 행동이 가져올 결과에 대해 생각을 못 하는 것은 당연하다. 그들 수준에서 최선의 생각과 선택을 할 뿐이다. 아이들의 마음을 읽어주는 것이 중요하다. "아이구 열받았겠네, 속상했겠네."

뭉크의 절규

아이들에게 친구가 미운 마음이 들 때 보는 그림을 소개했다. 아이들에게 제목을 지어보라 했더니 몇 번 만에 '태양'이라는 말이 나온다. 성준이는 〈절규〉를 그린 화가가 그린 건데 제목이 생각나지 않는다며 〈절규〉의 머리 감싸는 제스츄어를 해댔다. 즐겁다.

그림을 보면 아이들의 마음이 달라지는가? 아이들은 속상하고 스트레스가 쌓일 때 어떻게 풀까?

- 울어요.

- 먹어요.

- 자요.

- 엄마한테 이야기해요.

- 게임해요.

- 음악 들어요.

그 속에 '그림을 봐요.'라는 말은 없지만 아이들은 울고 먹고 자고 게임하고 음악 듣고 이야기하며 스트레스를 푼다.

아이들은 각자의 살 길을 하나씩 찾고 있다.

수학 시험을 치고

수학 1단원 평가를 했다. 아이들에게 점수보다 중요한 것에 대해 이야기를 했다. 같이 문제 풀이를 하다 보니 목이 쉰다. 엄마, 아빠가 점수 때문에 뭐라고 하시면 중요한 것이 무엇인지 말씀드리라고 했다. 혹 아이들이 점수 때문에 엄마에게 혼날까 염려가 되긴 했지만, 부모님께서도 여러분이 무엇을 알고, 무엇을 모르는지 알아야 도와주실 수 있다고 이야기하니 아이들이 밝은 얼굴로 시험지를 가방에 넣는다.

우리 반에 수학을 어려워하는 한두 명의 친구들이 그래도 마음이 쓰인다. 행복은 성적순이 아니라는데 성적 때문에 아이들의 행복이 오르락내리락하지 않기를…. 집으로 돌아가는 발걸음이 무겁지 않았으면 좋겠다.

소소한 기적

세호의 고함소리는 대단하다. 쩌렁쩌렁 온 교실을 들었다 놨다 하는 목소리다. 목소리도 엄청 큰 데다 지시형의 말이 많아 들을 때마다 친구들을 거북스럽게 한다. 반장이 세호의 고함소리에
"소리를 지르지 말아 주십시오."라고 했다.
감정을 억누르며 말하는 반장의 얼굴이 일그러진다.
그때 세호가 "알겠습니다." 한다.
작은 기적이 일어난 순간이다. 세호는 스펀지가 물을 빨아들이듯 예쁘게 변하고 있다. 점점 더 친구들의 입장이 되어 생각하는 습관이 생기고 있다. 알록달록한 친절한 세호의 웃음을 늘 보고 싶다. 기적은 멀리 있지 않다. 여기 우리 교실에 있다.

오늘의 긍정 필사

아침 시간 아이들을 일대일로 대면하며 이야기를 나누었다. 아이들을 한 명 한 명 뜯어보면 아이들 속에 빛나는 광채를 볼 수 있다. 내 마음의 빗장이 스르르 풀린다. 동생 이야기, 강아지 이야기 등 묻지도 않은 이야기보따리를 술술 풀어내며 아이들이 갓 피어난 봄꽃처럼 웃기도 하고 비에 젖은 나뭇잎같이 슬퍼하기도 한다.

학교에 오면 무엇을 해야 할지를 아는 아이들이 시간표를 챙기고, 감사 노트를 적고…. 오늘의 긍정 필사는 뭐냐고 얼른 가르쳐달라고 보챈다. 긍정 필사는 아이들이 긍정적인 문장이나 글귀를 손으로 직접 따라쓰며 긍정적인 생각을 하게 하고 스스로 마음을 다스리도록 돕는 활동이다. 우리 반은 매일 긍정 필사를 꾸준히 해왔다. 아이들이 자신에 대해, 타인에 대해, 세상에 대해 밝은 눈을 가지게 하고 싶다. 따뜻한 마음으로 자신을 품어주고, 친구를 바라보고 세상을 향해 나갔으면 좋겠다.

"선생님, 긍정 필사 짧은 걸로 해주세요."
"오냐오냐, 오늘의 긍정 필사는 이것이다."
'거울을 보면 아름다운 사람이 있다.'
다 같이 읽으면서 아이들이 "우웩 우웩!" 하고 야단이다.
쓰면서 아이들 마음속에 자신들이 얼마나 귀한 존재인지 새겨지길….
빨리 운동장에 나가 뛰어놀고 싶어서 엉덩이가 들썩들썩하는 친구들

이 아뿔싸! 수학 숙제를 까먹은 걸 뒤늦게 알고는
"아흐흐흥~" 절규하는 아침이다. 하하하! 우리 교실에는 아름다운! 아이들이 있다.

방귀 뀌며 부르자

아이들이 저마다 자기 노래를 짓고 자기 나름의 가사를 읊어댄다. 호준이가 "방귀 뀌며 부르자!"라는 가사를 읊어대자 아이들은 "에이~ 재미없어." 하며 손사래를 치면서도 정말 재미있어 죽겠다는 표정으로 부르고 있다. 아이들에게서 아이러니의 힘을 배운다. 마지막으로 재석이가 손을 높이 들고는 "제 노래도요." 한다. 재석이 노래 제목은 〈친구들아! 안녕〉이다.

"친구들아 우리 모두 함께 응원하며 부르자~ 랄라라라 랄라라~
서로서로 사랑하고 감사하고 칭찬해~ 랄라라라 랄라라~"

재미없는 노래를 재미있게 부르는 재주가 있는 아이들. 사랑스럽고 기특하고 자랑스럽다.

리코더냐 축구냐 그것이 문제로다

 리코더 불기를 계속하고 있다. 한 사람씩 일대일로 검사를 하고, 모둠으로 2차 검사를 하니, 점심시간에 리코더를 부느라 아이들이 열심이다. 세마치장단의 〈도라지타령〉을 부르는데 문득 장구를 경험하게 하는 것이 더 중요한 것이 아닌가 생각이 들기도 한다. 아이들이 내 플룻을 보고 불어보라 한다. 플룻 소리를 처음 들어보는 아이들이 신기한 눈으로 본다.
 '아~ 좀 더 열심히 연습할 걸….' 하는 후회가 된다.
 우철이는 리코더 소리를 잘 내지 못한다. 다른 친구들이 벌써 세 번째 곡을 연습하는데 아직도 리코더 소리가 나지 않으니 답답하다. 많은 연습이 필요한 친구이지만 스스로 노력하지 않는 부분이 보여 아쉽다. 점심시간에 리코더 연습을 하라고 했더니 축구를 하겠다고 떼를 쓴다. 그럼, 집에 가서 연습해서 내일은 꼭 검사를 받고 통과해야 축구를 할 수 있다고 말했다. 우철이는 검사를 통과하지 못해서 점심시간에 축구를 하는 대신 리코더를 불어야 했다. 도라지 도라지 백도라지~ 리코더 소리가 왠지 억울하게 들린다. 노력에는 열매가 있기 마련이고, 게으름에는 대가가 따르기 마련이라는 걸 억울해하며 배워가고 있다.

세호의 파이어데이

점심시간에 세호가
"선생님, 밥 맛있게 드세요." 한다.
김치를 좋아하는 진우와 밥을 먹으면서, 어제의 좋지 못했던 관계를 청산하고 다시 웃으며 대화했다.
체육을 마치고 얼굴이 벌게서 교실 바닥에 드러눕는 세호.
"선생님, 지금 칭찬하세요. 지금이 칭찬할 때란 말이에요."
라고 온몸으로 말하는 것이 느껴진다. 세호가 싫어하는 체육을 열심히 한 흔적이 역력하다.
"하기 싫은 체육을 잘 해준 세호를 칭찬합니다. 짝짝짝!"
세호의 마음이 너무 잘 보이는 파이어데이다. (진우는 오늘이 불금이라고 파이어데이라고 한다.)
세호의 퐈이어데이 기운에 나도 덩달아 마음이 들썩인다.

작가 노트, 나는 작가다

우리 반 아이들에게는 작가 노트가 있다. 아이들에게 글을 쓸 주제를 주고 글짓기를 하는 노트다. 작가 노트 여섯 번을 숙제로 내주고, 작가 노트에 간단한 메모를 해서 나눠주었다. 아이들 모두를 작가님으로 부르며 공책에 라벨링을 했다. 나의 작가님들의 글쓰기 실력이 늘어간다. 아이들은 여러 가지 주제로 그들의 세상을 글로 써갔다.

'내가 도깨비가 된다면'

'30년후 내 아들, 딸에게'

'내일 지구가 멸망한다면'

작가님들의 글을 보는 쏠쏠한 재미! 흉내 낼 수 없는 그들의 세계를 엿볼 수 있다는 것은 마법의 방에 들어가는 열쇠를 가진 것이나 다름이 없다. 친해지고 싶은 친구에 대해 쓴 아이들의 글을 보면서, 웃다가, 고개를 끄덕이다가, 엉? 하며 놀라기도 한다. 너희들이 써 갈 미래가 기대된다.

거대한 자연의 시간 속에서

아이들이 기다리는 월요일 아침이다. 오랜만에 비 오지 않는 화창한 아침. 맨발 걷기 하는 날이라 아이들의 엉덩이가 들썩인다. 맨발로 좁은 운동장을 걷는다. 아이들은 어미 닭을 따르는 병아리 새끼들마냥 뒤를 쪼르르 따른다. 아이들이 삼삼오오 두런두런 이야기하며 걷는다. 아이들과 짝이 되어 이야기를 하며 걷는다. 부산에 여행을 간 이야기, 주말을 어떻게 보냈는지 등 시시콜콜한 이야기를 했다.

아이들은 뛰어도 되냐고 묻기도 하고, 벤치에 앉아 쉬어도 되냐고 묻기도 한다. 오월이라 발이 하나도 시리지 않다. 바람도 적당히 시원하고, 상쾌한 날이다. 아이들에게 땅을, 지구를 느껴보라고 말했다. 땅은 생명이라고…. 아이들이 땅의 기운을 얻기를 바란다. 생명의 기운을, 자연을 느끼기를 바란다. 결국 우리의 삶도 거대한 자연의 시간 속에서 자연의 일부로 살고 있음을….

수영하고 계란 먹고

수영 교육. 어제에 이어 수영 교육이 있는 날이다. 오전 수업을 하고, 점심까지 먹고 1시 30분에 학교에서 출발한다. 아이들에게 수영복, 휴대폰, 실내화 가방, 자기 짐을 잘 챙기라고 아무리 이야기해도 늘 한두 명은 뒤늦게 소리친다.

"휴대폰 두고 내렸어요, 실내화 가방이 없어요."

'아이들이니까, 사람이니까, 그럴 수 있지…. 말한 대로 다 잘하면 기계지 사람인가!'

생각하며 한숨이 나오려는 걸 틀어막고 고개를 끄덕인다. 수영을 하고 나온 아이들에게 구운 계란을 하나씩 사주었다. 물에서 헤엄치고 나온 후 먹는 구운 계란 맛에 아이가 엄지척을 날린다. 마른 논에 물 들어가는 걸 보는 거랑 자식 목구멍에 밥 들어가는 걸 보는 것이 제일 행복하다는 말마따나 요 녀석들이 자식 같다. 행복하다. 아그들아, 엄지척!

내가 생각하는 아름다운 사람

어제에 이어 아름다운 사람을 발표한다. 역시 좋은 주제의 수업이다. 아이들은 넬슨 만델라, 김만덕, 유관순, 백남준, 김시돌, 나폴레옹, 전태일 등을 조사하여 발표했다. 아름다운 사람 스물다섯 명을 깊이 있게 만나는 프로젝트다. 그분들의 삶을 살펴보고 고난과 역경을 이겨내고 훌륭하고 아름답게 살아낸 모습을 조사하고 연구해서 친구들에게 이야기하는 시간, 아이들은 기대보다 더 멋지게 해냈다. 보고 배우고 따르고 싶은 좋은 어른이 있다는 것은 중요한 일이다. 아이들 마음에 닮고 싶은 아름다운 사람이 있다는 것, 삶의 나침표처럼 힘들 때마다 생각나는 사람이 있다는 것, 큰 재산임에 틀림없다. 이 아이들이 어디 가서 어떻게 살지 모르지만 좋은 어른이 되었으면 좋겠다.

호국의 도시

우리 고장은 왜 호국의 도시일까? 아이들의 갖가지 추측은 모두 빗나간다. 호국의 도시를 설명하려던 것이 그만 두 시간의 역사 수업이 되어 버렸다. 분단의 과정, 6·25… 아이들이 재미있게 듣는다. 두 시간이 지난 후 시간이 왜 이렇게 빨리 가냐고, 왜 이렇게 재미있냐고 한다. 일제 강점기와 독립운동, 그리고 분단 과정, 다시 전쟁을 거치면서 수많은 조국의 시련과 시련 속에 목숨을 바친 순국선열들의 이야기로 이어지는 숨 가쁜 역사 여행에 아이들이 푹 빠졌다는 생각에 뿌듯해할 찰라, 재석이의 한마디에 힘이 쭉 빠졌다.

"내 알 바 아니야. 뭔 상관…."

아이들이 일제히 재석이를 보며 한마디씩 쏟아낸다.

"아~ 그건 아니지."

"야, 재석아. 너무 심한 거 아니야?"

내 알 바 아니라던 아이가 친구들의 따가운 시선을 느끼며 머쓱해한다.

나라와 민족에 대한 자부심과 사랑, 아이들에게 그 마음이 있었으면 좋겠다. 지금은 잘 모르지만 나중에라도 '내 알 바 아니야. 뭔 상관~ 이라는 말은 참 잘못된 생각이구나.' 깨닫게 되겠지. 나이가 들수록 내 나라, 내 땅이 고맙고 소중하다.

뒷담화와 손절

　친구의 속마음을 듣고 그것을 다른 사람에게 전달하는 아이들의 마음은 어떤 마음일까? 상대방을 믿고 한 이야기가 돌고 돌아 뒷담화가 되고 결국은 손절당하는 사태를 빚었다. 손절이 뭐냐는 내 질문에 다시는 친구 관계를 이을 수 없는 거라고 말하는 아이. 손절이란 봐도 못 본 척하고, 더 이상 관계하지 않는 것이라며 슬픈 목소리로 대답한다. 아이들이 누군가에게 손절하자고 말하는 것은 "나 너 다시 보고 싶지 않을 만큼 화났어!"일 것이다. 사람 사이에는 그런 일이 있을 수 있다. 그러나 이것이 여러 명이 한 사람에게 하는 경우라면 상황은 그리 간단하지 않다. 힘의 균형이 깨어진 상태라면…. 아이들은 제 하고 싶은 대로 일을 저지르고 다닌다. 우르르 편을 갈라 몰려다니기도 하는데 그런 무리의 모습이 곱게 보이지 않는다. 자신들의 행동이 주는 영향이 어떤 것인지 잘 알지 못하는 건 어쩌면 당연하다. 아이들이 이해하기엔 너무 어려운 것이긴 하겠지만 그래도 당하는 아이의 마음이 어떨지 어렴풋이 짐작은 할 거라고 생각한다. 교사가 아이들의 모든 관계에 일일이 간섭할 수는 없다. 서로에 대해 존중하고 수용하는 건강한 교실의 분위기, 아이들의 내면의 힘을 기르도록 도우면서 부지런히 아이들 간의 역학 관계를 살펴야 한다. 혼자가 된 아이에게 더 많은 신경을 쓴다. 홀로 있게 하지 않으려고 배려한다. 학교에서의 시간이 힘들지 않도록 따뜻하게 말도 걸어보고, 칭찬도 아끼지 않는다. 부디 힘들지 않기를, 굳세고 강해지기를 바라본다. 우리 반에서는 아무도 자신이 왕따라고 느끼지 않기를 … 빌어본다.

랜덤 플레이

음악 시간인지 으악! 시간인지 아이들이 괴성을 지른다. 브라질 민요인 〈친구야 안녕〉을 가사를 바꿔 부른다. 요즘은 점심시간에 조르르 달려와 랜플을 틀어달라고 난리다. 랜플? 랜플이 뭐냐고 묻는 질문에 "랜덤 플레이요." 합창을 한다.

유튜브 랜덤 플레이에 맞춰서 아이들이 아이돌 춤을 춘다. 남자아이, 여자아이 할 것 없이 교실 앞으로 우르르 나와 엉덩이를 들썩이고 화려한 춤동작이 보통 연습한 게 아니다. 춤을 못 추는 아이들이 넋을 잃고 보다가 까르르 웃는다. 아이들이 추는 춤을 나도 따라 춰볼까나. 집에 가서 유튜브로 연습해서 다음엔 같이 춰 볼까나 하는 생각도 잠시, 아서라. 그냥 보는 것만도 숨찬데 잘못하다간 앓아눕는다. 또 한 주가 화살을 쏜 듯 지나가고, 푸른 녹음 속으로 아이들이 돌아간다.

따돌림… 불안

아이들의 못된 행동이 보인다. 혼자가 될까 봐 불안한 모습도 보인다. 그래서 내 편 한 명쯤은 무조건 확보해 놓으려는 몸부림들, 그리고 다른 아이를 배제시킴으로써 그 연대는 더 굳건해지는 것 같은 착각…. 명렬표를 보면서 한 아이, 한 아이에 대해 살펴본다. 방과 후에 몇몇 아이들과 이야기를 나눴다. 우리 반 친구들 때문에 속상했던 이야기, 울었던 이야기, 지금 일어나고 있는 이야기, 내가 몰랐던 많은 일들이 참 많이도 있었다. 벌써 지나간 일들이지만 아이 혼자 가슴앓이 했던 일들도 있다. 아이들이 신나서 이야기를 한다. 그때의 감정이 어땠는지를.

"선생님에게 이야기하면 일이 커질 것 같고, 엄마에게 이야기하면 엄마가 걱정할 것 같고 그래서 화장실에서 혼자 울었어요…."

"친구가 제 뒷담화를 해서 너무 기분이 나빴어요. 카톡으로 화내고, 보고도 아는 척 안 하고 절교하자고 했어요. 저 너무 억울해요."

"누가 친구들에게 누구누구랑 놀지 말라고 했어요. 친구들한테 '얘는 너무 어두워서 얘랑 놀면 귀신 붙는다'고 했어요."

"누구는 계속 뽀뽀를 해요. 싫다고 하는데도 계속해요. 그리고 자기가 시키는 대로 안 하면 누구랑 사귐 이러면서 막 놀려요."

아이들은 다양한 방법으로 친구를 힘들게 한다. 자신의 행동이 친구에게는 얼마나 큰 고민이 되는 줄 모르는 경우를 자주 본다. 크게 화를 내며 울고불고 싸움이 나서야 알게 된다.

"그렇게 힘든지 몰랐어, 진작 이야기하지."

"내가 몇 번이나 말했잖아." 울면서 소리치는 아이가 있다.

"아니, 야, 너 웃으며 말했잖아." 도리어 억울하다는 목소리다.

그래, 웃으며 말하면 안 되는 거였다. 웃으며 말해도 그러면 안 되는 거였다.

스펀지 막대 푸닥거리

스펀지 막대로 짧은 푸닥거리를 했다.

"어린애들이 무슨 스트레스가 있어?" 생각하기가 쉽다. 그렇지 않다. 아이들도 그네들의 고민이 있고, 나름 사는 게 만만치 않다. 아이들의 깊은 내면에 쌓인 스트레스를 한 방에 날려 줄 무언가가 필요하다. 아이들이 주저주저한다. 나는 먼저 내 옷이 걸린 선생님용 의자를 후려친다. 아이들은 내 옷이 마음에 걸리나 보다. 옷을 걷어내고 시원하게 소리를 지르면서 한 방 날린다. 아이들이 서서히 시동이 걸리더니 스펀지 막대기가 너덜너덜할 정도로 내리친다. 아이들이 화풀이면서 내뱉는 말들…. 내뱉고 싶었지만, 속으로 꾹꾹 눌러 담아놓았던 말들이 쏟아진다. 삼켜진 말은 부들부들, 눈물을 끌고 토해져 나온다. 울어서 빨개진 눈,

얼룩진 볼을 비비며 아이들이 웃는다. 이 시간 이후로 너희의 마음이 조금은 가벼워지길 간절히 바란다. 속이 좀 시원해지길 바란다.

존재 그 자체로 소중한

이번 주 일요일은 어린이날이다. 아이들이 아침부터 들떠 있다. 혹시나 학급 이벤트가 있나 하고 기대하는 눈치다.

역시 아이들은 아이들이다. 도서관 수업을 마치고 온 아이들이 내 주위를 어슬렁거리며 2교시에 뭘 할 거냐고 묻는다.

"그냥 수업해요?"라고 묻는다.

은근히 장난기가 발동해서 "응." 대답했다. 아이의 표정을 보지 않았다. 보지 않아도 알 것 같아서….

아이들에게 미리 준비한 선물을 나눠주었다. 아이들이 "선생님 사랑해요."를 연발한다.

"선생님, 저 고백할게요. 선생님 사랑해요." 장난 꾸러기 재석이가 신이 나 소리쳤다.

"알지. 선생님이 다 알지. 그래도 그렇게 말해줘서 고마워~"

사랑을 줄 줄 알고 받을 줄 아는 아이들이다. 무얼 잘하지 않아도 존재 그 자체로 소중한 아이들의 날이다.

Ⅲ

교실, 그 안에서
피어나는 생각들

Ⅲ. 교실, 그 안에서 피어나는 생각들

왕따지만 난 괜찮아!

 2학기 들어서 동현이는 안경을 쓰고 왔다. 방학 동안 무얼 했는지 눈이 나빠졌나 보다. 영어 시간에 자기 차례에 대답을 못 하니 "비난하라고!" 하면서 소리를 지르며 짜증을 냈다. 오늘은 협동 놀이를 하는데 친구 필통을 떨어뜨리고는 사과하는 대신
 "사람은 실수할 수도 있지!"
 하면서 적반하장으로 짜증을 낸다. 이후의 활동에는 아예 참여하기 싫다며 참여하지를 않는다.
 점심 식사 후 다시 수업을 시작하는데
 "우리 반에서 내가 왕따지만 난 괜찮아."
 큰 소리로 들으라는 듯 외친다. 이곳저곳에서 아이들의 한숨 소리가 들린다. 자신을 왕따라고 억울해하는 동현이는 자신의 행동이 다른 사

람을 불편하게 한다는 사실을 모른다. 선생님이나 다른 친구의 불편이 그럴 수도 있는 일이라고 생각하는 것 같다. 수업 시간에 우유를 마시고 책상 위에 두었다가 엎지르는 일이 잦아서 아이들이 근처에 앉지 않으려 한다. 교과목이나 해야 할 활동과 관계없이 매시간 그림 그리기를 멈추지 않는 동현이의 행동은 학교생활 내내 이어진 행동이다. 화가 나면 책상 위 물건을 바닥으로 쓸어버리고, 물건을 빌려준 친구에게 고맙다는 말이나 발을 밟은 친구에게 미안하다고 말하는 법도 없다. 해야 할 행동과 하지 말아야 할 행동의 경계가 없는 아이, 수업 시간 수시로 나오는 일탈 행동들, 분노를 어떤 여과 없이 입으로 표출하는 아이….

학교 교육으로 되는 것과 되지 않는 것이 있다. 동현이가 그냥 수업을 하든 말든, 그림을 그리든 말든, 그냥 놔둬 버리고 싶다는 생각이 들 때가 있다. 동현이와 씨름하느라 다른 아이들을 더 봐주지 못하는 상황이 자주 생기기도 한다. 학생 수가 많은데 그 아이 하나쯤 포기하고 가도 뭐 어떠리… 하는 마음…. 마음속에서 우르릉 쾅쾅! 전쟁이 일어난다. 아무튼 오늘은 동현이를 더이상 신경 쓰고 싶지 않은 날이다. 나의 한계, 한계를 경험한다.

사랑하기도 짧은 시간

　영화 〈우리들〉을 보았다. 아이들의 세계에서 고민과 갈등, 우정과 상처, 솔직하게 담아낸 영화다. 아역배우들의 연기도 생생하고 실감 나게 다가온다. 주인공 선이 친구들에게 따돌림을 당하는 상황을 보며 아이들이 분개했다. 선을 따돌린 보라와 그의 일당들의 행동을 보며 분을 터뜨리며
　"와, 그건 아니지. 양아치네." 한다.
　선의 동생 윤이가 식탁에서 나눈 대화에 아이들은 폭소를 터뜨린다.
　선: "너는 왜 친구가 때리면 맞고만 있니? 같이 때려야지!"
　윤: "걔가 나를 때리고 내가 걔를 때리고 또 걔가 나를 때리고 내가 걔를 때리면… 그럼, 언제 놀아? 나는 그냥 놀고 싶은데…."
　우리는 왜 윤이 될 수 없을까? 나는 그냥 놀고 싶은데… 싸우면 언제 놀아? 윤이가 묻는다.
　어린 동생 윤이 어른 중 상어른이다. 우리가 함께 보내는 1년은 사랑하기도 짧은 시간이다.

항복선언, 할 만큼 했다

"왜 남의 그림을 봐요?"

화장실을 다녀온 동현이가 싫은 티를 낸다. 수업 중 그림 그리는 일이 하도 많아서 너무 많이 이야기하다 보니 이제 그 아이도, 나도 질려버렸다. 아이에게 항복선언을 했다. 이제는 내 눈치 보지 말고 마음껏 그림을 그리라고. 공부시간에 그림 그리는 것을 허용하겠다고 했다. 이쪽에서 줄을 놓아버리니 마음이 가벼워졌다.

아이가 정색하며 "싫어요." 한다.

그래 싫은 것도 너의 자유지. 그림을 그리든 그리지 않든 더이상 중요한 게 아니다. 이쯤에서 끝! 항복이다. 지루한 싸움이 끝이 났다. 이만큼 했으면 할 만큼 했다. 그 아이도 나도….

학급경영, 우리들의 활동

1. 책꼬지-모둠 독서모임

모둠 책 읽기가 끝났다. 제1회 모둠 독서모임을 했다. 아이들은 모둠별로 읽은 책을 이야기한다. 나우학교 박명찬 선생님이 공유해 주신 행복한 학교생활이 도움이 되었다. 학급 서클 모임처럼 감사를 나누고, 격려를 나누고, 본론으로 들어간다. 공식적이고 정기적인 모둠활동은 루틴이 중요한 것 같다. 좋은 한 문장을 위해 책을 뒤적이고, 느낀 점 한 줄을 위해 고민하고… 골똘히 생각하고 책 속에서 길어낸 것을 나누는 모습이 진지하다.

2. 새 둥지 만들기

아이들이 자리를 바꾸고 새 짝을 만나고, 새 둥지를 만나 역할을 정했다. 모둠 이름을 정하고, 이끔이, 나눔이, 깔끔이, 점검이… 역할을 나눈다. 사랑 둥지, 열정 둥지, 배려 둥지, 감사 둥지, 예의 둥지, 신중 둥지… 이끔이가 주도가 되어 〈아엠그라운드〉 놀이를 했다. 손바닥이 벌게지도록 책상을 두드리며 놀다 보니 새 둥지에 적응한 듯하다. 점검이에게 알림장, 숙제 검사용 도장을 주었더니 마치 옥쇄라도 얻은 듯 의기양양하다. 〈아엠그라운드〉 놀이를 주도했던 이끔이는 먼저 짝짝, 쉿!을 주도하며 모둠을 책임진다. 나눔이는 보이는 것(물건)과 보이지 않는 것(생각, 사랑)을 나누는 역할을 한다. 깔끔이(정리정돈)가 청소 역할을 하는데, 그 외에도 좀 더 의미 있는 역할을 부여할 생각이다. 새 모임에서 읽을 책을 정하는 미션을 주었다.

3. 리코더

현재 리코더 불기는 잘되어가는 듯하다. 아이들이 〈도라지타령〉, 〈이

몸이 새라면〉, 〈퍼프와 재키〉를 부른다. 2중주를 하면서 짝꿍과 하모니를 맞춰가는 것이 쉽지는 않지만, 속도와 마음을 서로 맞춰나가는 과정이 배움이다. 둘이 맞추고, 전체가 맞추고…. 맞지 않음을 통해서도 우리는 무언가를 배울 수 있지 않은가?

4. 글쓰기, 스피치

저널 쓰기를 하고 있다. 역시나 글쓰기는 쉽지 않다. 아이들이 쓰기 활동 자체를 싫어하기도 하지만, 긴 글 쓰기는 독서가 바탕이 되지 않으면 어렵다. 글의 주제도 아이들의 호기심을 당길 수 있어야 하지만… 아이들은 글쓰기 자체를 싫어하는 것 같다. 아이들이 짧은 글이라도 쓰고 있다면 그것을 두 줄, 세 줄로 늘이는 연습을 할 필요가 있을 것 같다. 글쓰기가 스피치로 이어질 수 있게 하려면 시간이 필요한데… 시간을 내기가 어렵다. 교육과정에 배울 내용이 너무 많기도 하거니와, 교육과정 외에 해야 할 것들이 너무나 많다. 생활지도에 들이는 시간도 만만치 않다. 학급의 문제를 서클 모임을 통해 해결하다 보니 서클 모임에 투자되는 시간도 적지 않다. 시간을 어떻게 알차고 효율적으로 보내는가가 중요한 것 같다. 스피치를 할 때 아이들이 1분을 쉽게 넘긴다. 말의 두서가 없기는 하지만, 소리의 크기, 빠르기, 그리고 스피치를 대하는 태도 등이 정말 좋다고 생각이 된다. 꾸준함이 관건이다.

5. 독서

아침 독서 시간을 계속하고 있다. 아이들에게 만화책의 한계에 대해 이야기했다. 학습만화의 유익함과 더불어, 줄글 독서와 만화책의 균형이 왜 중요한가를 가르쳤다. 모둠 독서를 선정하여 독서하는데 모둠 독서가 모두에게 유익이 되도록 선정되어야 한다. 독서 기록장 정리를 꼼꼼히 하는 아이들이 있는 반면 읽지도 않고 읽었다고 적는 친구도 있는 것 같다. 아이들의 독서 습관을 잡아줄 좋은 방법이 없을까? 책 읽어주기가 좋다는 걸 알지만 아침 시간에 아이들에게 책을 읽어주는 것이 쉽지 않다.

아! 왜 맨날 제비뽑기야

누구와 짝이 될 것인가는 세월이 지나도 여전히 변함없이 아이들의 최대 관심사이다. 먼저 새 짝꿍을 정하는 법을 의논하고, 자리는 한 달에 한 번씩 바꾸기로 했다. 대다수 아이들의 바람대로 제비뽑기로 짝꿍을 정하기로 했다. 제비뽑기가 공정하다고 느끼는 모양이다. 제비뽑기가 끝나고 난 후 아이들의 반응을 오랜 경험으로 나는 알고 있다. 실망감을 감추지 않고 다시 뽑으면 안 되느냐 떼쓰는 아이, 새 짝꿍에 대해 대놓고 불평하는 아이, 새 짝꿍이 상처받을 정도로 화를 내는 아이… 내

예상을 빗나간 적이 거의 없었다. 그래서 그동안 자리가 정해진 후 나왔었던 친구의 마음을 상하게 했던 반응들에 대해 함께 생각하는 시간을 가졌다.

> 만약 새 짝꿍이 나를 마음에 안 들어 하는 걸 말이나 행동으로 표현한다면 내 기분은 어떨까?

아이들은 친구의 감정을 배려하며 말하는 것이 익숙하지 않다. 초등학교 저학년의 경우, 내가 이렇게 말했을 때 상대방이 속상할 거야, 슬플 거야를 생각해내는 아이들이 드물다.

"읔! 안 돼! 왜 하필 너야?"

아이들은 불쑥불쑥 자신의 기분을 가감 없이 표출한다. 자기의 말과 행동이 친구를 슬프게 만들기도 하고 화나게 만들기도 한다는 것을 쉽게 잊어버린다. 나는 상처받는 아이가 생기지 않게 하기위해 해서는 안 될 말과 행동의 예시를 보여주며, 상대가 마음에 들지 않더라도 그것을 굳이 내색할 필요는 없다고 말했다. 그때 저 뒤쪽에서

"아이 씨*. 왜 맨날 제비뽑기해…. 아 열받네!"

하는 소리가 들린다. 깜짝 놀란 눈으로 그 아이를 응시했다.

"쟤는 맨날 욕해요. 작년도 그랬어요."

다른 아이가 몸을 뒤로 돌려 그 아이를 보며 재빨리 말했다.

"아, 하지 말라고!"

욕을 하던 그 아이가 이번에는 책상을 내리치며 격분했다.

"아, 하지 말라고!"

이런 상황이 익숙한 듯 아이들은 뒤를 한번 돌아봤다가 다시 별일 아니라는 반응이다.

"선생님에게 그런 걸 알려줄 필요는 없어. 저 친구가 작년에 어땠는지는 나는 궁금하지 않아."

고자질한 아이에게 은근히 둘러 말했다. 욕을 하고 책상까지 내리치던 아이의 표정은 금세 험악하게 굳은 채 선생님께 일러바친 아이를 노려보고 있었다.

"재필이가 속상한 일이 있었나 보네. 제비뽑기가 마음에 들지 않는구나?"

하고 물었다. 아이가 입을 삐죽이더니 금방 눈물이 그렁그렁해지면서 고개를 끄덕인다.

"제비뽑기로 짝을 정하자는 친구들이 열일곱 명 정도 되는데 너는 어떤 방법으로 하면 좋을 것 같아?"

아이가 말이 없다.

"선생님은 너의 의견이 듣고 싶어. 네가 만족할 수 있는 방법을 찾아보자."

아이의 억울하고 화난 표정이 금세 풀린다. 아이는 몇 분 생각하더니 그냥 제비뽑기로 하자고 말했다. 제비뽑기로 자리를 정한 후 아이들이 자기 자리를 찾아 짐 정리를 하고 있을 때 재필이에게 다가가 살작쿵 물었다.

"자리 마음에 들어?"

아이가 고개를 끄덕이며 노래까지 흥얼거린다. 아이의 마음을 알아주는 것으로 모든 일이 이렇게도 순조롭게 해결될 수 있다는 것을 깊이 경험한 하루다. 재필이는 자기 마음을 물어봐 주고, 알아주는 선생님과 친구들이 필요했을 뿐이다.

배려 줄서기

아이들과 수업을 하다 보면 시간이 날아가는 것 같다. 아이들은 3교시쯤 되면 배고프다고 난리다. 아침을 안 먹고 오는 아이들이 많기 때문이다. 안 먹고 온다기보다는 못 먹고 온다고 해야 할까? 어떤 사정이든 아침을 거르고 등교하다 보니 한참 크는 시기의 아이들은 점심시간을 손꼽아 기다린다. 아이들에게 민감한 문제 중 하나가 점심시간 급식 줄서기이다. 줄을 조금 더 앞에 서기 위해서, 또는 친한 친구와 같이 서기 위해서 아이들이 티격태격하는 일은 매년 경험하는 일이다. 선착순으로 줄서기는 아이들이 선호하는 방법이다. 아이들은 손 씻기에도 초고속의 신공을 발휘하는데 손을 물에 스치는 듯 씻는 흉내만 내고 줄을 선다. 선착순 줄서기의 단점이 너무 커서 새로운 줄서기 방법을 아이들에게 제안했다. 여유를 가지고 생각하며 줄 서는 방법이 없을까? 번호순도, 선착순도 아닌 서로를 배려하는 방법이 없을까? 배려 줄서기를 해보자는 나의 말에 아이들이 묻는다. "마음대로 서요?" 나는 아이들에게 새로운 규칙을 말해주었다. 밥 먹는 속도가 느린 학생은 앞쪽에 서고 밥을 빨리 먹는 친구는 뒤쪽으로 가서 서면 좋겠다는 나의 제안에 잠시 어리둥절해하던 아이들이 스스로 뒤로 앞으로 움직였다. 아이들의 움직임이 고맙고 감사했다. 오늘 우리가 스스로 할 수 있는 어렵지 않은 배려의 의미를 아이들은 이해한 것 같다. 이렇듯 아이들은 어른스럽다. 아니 아이들은 어른보다 훨씬 더 나은 존재다. 어른의 스승이다.

  오늘도 점심 먹으러 가자고 줄을 섰다. 그런데 몇몇 아이들이 빨리 먹고 축구를 하려고 앞에 서는 것이 보였다. 아이들에게 배려순으로 줄서기가 잘되고 있냐고 물었다. 예닐곱 명의 아이들이 아니라고 말한다. 나는 양심에 따라 이동하라고 말했더니 몇몇 아이들이 뒤로 간다. 호동이는 어디로 가야 할지 몰라 헤매고 있다. 호동이가 마음의 싸움을 하는 것이 보인다. 이렇게 아이들은 몸도 마음도 커간다. 떠들고 뛰는 것이 기특하고 고맙고 감사하다. 아이들이 몸으로 배려하고 있다.

개입과 관찰

아이들이 체육 시간에 긴줄넘기를 한다. 긴줄넘기 반별 대항을 앞두고 조를 짜면서 일이 터졌다. 이슈는 두 가지이다. 첫째는 조를 어떻게 짤 것인가 하는 것과 둘째, 누가 줄을 돌린 것인가의 문제로 아이들은 첨예하게 대립했다.

1. 조를 짜는 방식

긴줄넘기는 아이들 개인의 줄넘기 실력뿐 아니라 팀이 단합하는 것이 매우 중요한 게임이다. 아이들은 당연히 줄을 잘 넘는 아이들과 한 팀이 되고 싶어 했다. 가장 큰 문제는 조를 짜는 방식이었다. 세 개의 조가 필요하니 세 명의 대표가 가위바위보해서 한 명씩 데려가는 방식으로 팀을 짠 것 같았다. 가위바위보에 먼저 이긴 친구가 잘하는 아이를 자기 팀으로 데려갔다. 줄넘기를 못하는 아이는 마지막까지 남아 어느 팀에서도 데려가지 않으려 상황이 벌어졌다. 결국 어느 한 팀에 못 하는 아이들이 모이게 되었고 그 조의 목소리 큰 아이들이 조를 다시 짜야 한다며 크게 반발했다. (몇몇 못하는 친구가 있어서 우리 조는 망했다는 생각에 그 친구들을 배제하기 위해서…. 아이들은 못하는 친구가 우리 조에 오지 않길 간절히 바랐을 것이다.) 우리 반 정규는 줄넘기를 못 한다. 혼자 넘는 줄넘기도 한 개를 넘지 못한다. 그러니 단체줄넘기는 말해 무엇하랴. 정규가 들어간 조에서는 정규와 한 조가 되었다는 사실만으로도 해봤자 뻔하다며 아예 하려고도 하지 않는다. 정규에 대한 원망 소리가 여기저기서 새어 나오고 급기야 아이들은 조를 새로 짜자며 정규를 다른 조로 보내고자 했다. 다른 조에서는 한번 짜면 그만이지 왜 또다시 조를 짜야 하느냐며 반발했다. 나는 이 상황이 수업 시간에 벌어졌다는 사실에 화가 났다. 도대체 체육 선생님은 무엇을 하고 있었는가? 아이들이 그런 폭력적인 방법으로 조를 나누는 것을 알고도 그냥 두신 걸까? 공연히 아이들을 나무랐다. 아이들에게 뒤에 남겨질 아이들의 비참함을 생각해 보았느냐고 화를 냈다. 그게 나만 아니면 되는 거냐고. 나는 아이들을 모두 나오게 해서 키대로 세우고 무작위로 조를 짰다. 아이들은 불만 가득한 얼굴이었지만 한바탕 혼이 난 터라 아무 말도 못 하고 새로운 조대로 연습하기로 했다. 누군가에게 상처를 줄 의도는 아니었겠지만, 어떤 일은 약자에게 잊지 못할 큰 상처를 준다.

2. 누가 줄을 돌릴 것인가?

여자아이 두어 명이 발이 삐어서 아프다는 이유로 줄을 돌리겠다고 주장했다. 남자아이들 몇이 여자아이들을 향해 그러면 혼자 하는 줄넘기는 어떻게 했냐며 반박하고 나섰다. 아이들은 여자아이들이 줄넘기를 하기 싫어서 거짓말을 하고 있다고 의심했다. 누가 줄을 돌릴 것인지를 결정하는 과정에서 학급에서 보이지 않는 힘을 행사하는 아이들의 꿈틀거림이 느껴졌다. 아이들 사이에 균열을 일어나고 있다. 아이들 간에 미세한 서열이 존재함이 느껴졌다. 나는 되고 너는 안 되는 이유를 설명하는 아이에게서 일부의 아이를 배제시키려는 의도도 보인다. 줄을 돌리면 팔도 아프고 아이들이 줄을 잘 못 돌린다고 원망도 할 텐데… 아이들은 왜 서로 줄을 돌리고 싶어 하는 걸까? 나는 그것이 알고 싶다. 아이들이 이 일을 어찌 풀어나가는지 가만히 지켜본다. 개입해야 할지, 말아야 할지…. 어느 시점에 어떻게 개입해야 할지, 그때 그때 상황에 맞는 지혜가 필요하다.

뭣이 중한디?

6월 말 긴줄넘기 대회를 앞두고 아이들이 연습이 한창이다. 지난 체육 시간 그 사달이 난 후 아이들은 긴줄넘기에 대해 하고 싶은 말이 있어도 하지 못하고 있다. 서로 줄을 돌리고 싶어 싸움이 난 사건은 알고 보면 그 속에 보이지 않는 욕구들이 숨어 있다. 애초에 조를 새로 짜자는 생각은 긴줄넘기를 잘하지 못하는 친구를 배제하려는 의도가 숨어 있었다. 그런 움직임에 대하여 선생님이 엄청나게 화를 냈기 때문에 아이들은 그냥 선생님의 눈치만 살피고 있다. 아침 시간, 아이들을 모두 데리고 운동장으로 나갔다. 줄넘기를 들고 반 아이들이 팔자뛰기를 했다. 아이들이 줄을 돌리는 모습이 서로 호흡이 맞지 않는 게 확연히 보였다. 줄을 잘 돌리는 아이가 아니라, 돌리고 싶은 아이들이 줄을 돌리다 보니 목소리 크고 힘센 친구들의 의견대로 정해진 면이 있는 것 같았다.

긴줄넘기에서 줄을 잘 돌려주는 것이 정말 중요하다는 것을 아이들도 안다. 학교생활도 어쩌면 긴줄넘기 같다는 생각이 든다. 친구 관계가 아이들에게 희망이 되기도 하고, 걸려 넘어지고 나를 옭아매는 족쇄가 되기도 한다. 긴줄넘기가 즐거운 친구도 있지만, 긴줄넘기 때문에 학교에 오기 싫은 친구도 분명히 있을 것이다. 체육이 든 요일엔 아이들이 들뜬다. 아이들에게 체육 시간은 사막의 오아시스 같은 시간이다. 오늘은 체육을 어디서 하냐고 아이들이 묻는다.

"애들아, 오늘은 체육 안 한다. 체육 가지 말고 교실에 있어."

아이들이 한 입도 못 먹고 바닥에 떨어뜨린 아이스크림을 보는 것 같은 망연자실한 눈으로 나를 본다.

"왜요?"

"우리 반은 긴줄넘기 대회 안 나간다!"

이곳저곳에서 아이들이 울상이다. 긴줄넘기 대회는 왜 안 나가는 거냐고 아이들에게 묻는다. 단지 이기기 위한 것이라면 우리 반은 참여하지 않는 게 좋을 것 같다는 나의 의견에 아이들은 말이 없다. 언제부터인가 체육 시간이 끝나면 아이들은 체육 시간에 있었던 싸움에 대해 고자질하기에 바빴다. 누가 누구에게 욕을 했다, 누가 선생님 말씀 안 듣고 체육 시간 내내 화내고 짜증 부리며 체육을 하지 않았다는 둥, 누구와 누구랑 싸웠는데 누가 울었다는 둥 갖가지 사건과 사고가 터지는 체육 시간…. 유독 체육 시간에 싸움이 많이 일어나는 이유는 경쟁과 협동의 성격이 강한 교과이기 때문이다. 팀 내에서 협동이 중요하지만, 팀 간의 경쟁이 유발되는 구조이다 보니 팀내에서의 협동보다는 남 탓을 하는 데 익숙한 아이들이 패배의 잘못을 약한 아이들에게 돌리는 경향이 강하다.

우리는 왜 긴줄넘기를 하는가?
무엇을 배울 것인가?
남을 상처 주고서라도 이기는 경쟁을 배울 것인가?
함께 돕고 이뤄내는 성취와 협동을 배울 것인가?
학교는 무엇을 가르쳐야 하고 아이들이 배워야 할 가치로운 것은 무엇인가?

누구도 화내지 않는 체육 시간

아이들과 줄넘기의 목표를 새로 정했다. 주어진 시간 내에 줄넘기를 성공적으로 많이 넘어야 이기는 게임의 구조에서 벗어나야 했다.

| 못하는 아이들 빼놓고 잘하는 아이들끼리 뭉쳐서 백 개 넘기 | VS | 우리 반 친구 한 명도 빠짐없이 모두가 참여하여 다섯 개 넘기 |

새로운 목표를 정하고, 줄을 잘 돌리는 친구를 뽑고, 조 편성을 다시 했다. 정규가 어느 조에 들어가는지 아이들은 여전히 관심이 많다. 정규는 먼저 개인 줄넘기를 다섯 개 넘기를 목표로 훈련하고, 개인적으로 줄넘기 연습 다섯 개 넘기 목표를 달성한 후 단체줄넘기에 합류하기로 했다. 아이들이 조별로 전략을 짰다. 정규는 개인 줄넘기를 열심히 연습했다.

아이들이 정규가 개인 줄넘기는 열 개를 넘는 것을 모두 지켜봤고, 정규와 함께, 단체 줄넘기는 다섯 개를 넘었다. 성취의 기쁨…! 누구도 화내지 않은 체육 시간이 지났다. 아이들도 나도 너무 기뻐서 서로 축하하고 기뻐했다. 정규의 얼굴에 웃음꽃이 피어난다.

영화 좀 감상하자

받은 선물을 먹으면서 영화를 보기로 했다. 나는 아이들이 영화를 즐겁게 봐주기를 기대했다. 몇몇 아이들은 창가에 걸터앉기도 하고, 의자를 여러 개 붙여 눕기도 하고, 교실 앞쪽을 제 집 안방인 양 줄을 지어

눕는다. 자유로운 놀이터 같다. 영화 〈주토피아〉를 보는 아이들의 얼굴이 흥미진진한 표정이다. 재석이와 진우는 계속 자리를 옮겨가며 떠들어댔다. 목소리 조절이 잘 안 되어서 영화를 보는 아이들이 소리가 안 들린다고 불평해도 별로 조심하지 않는다. 내가 몇 번 주의를 주어도 오래가지 못한다. 결국 계속 떠드는 아이들을 모두 제자리로 돌려보내고 나서야 교실이 조용해진다. 제자리로 돌아간 아이 중 한 녀석이

"태호도 같이 떠들었는데…."라며 불평을 하며 궁시렁궁시렁하는 모습이 보인다. 속으로 이런 아이도 있고 저런 아이도 있지 하며 불편한 감정을 추스른다.

"선생님 귀에는 재석이 떠드는 소리가 계속해서 들리더라. 너만 미워해서 선생님이 너에게만 그런다고 생각하지 않았으면 좋겠다. 선생님은 친구들이 영화 소리가 안 들린다고 하는데도 계속 떠드는 재석이의 행동이 싫은 거지 재석이가 싫은 건 아니야." 아이가 고개를 끄덕인다. 교실 창가로 나뭇잎이 춤을 춘다. 5월의 녹음이 푸르러진다. 머리카락 흐트러진 너머로 아카시아 꽃향기 흩어진다.

균열… 힘의 변화

한 명을 내보낸 4인조에 균열이 보인다. 3인조와 하나로 분리된 것 같

다. 한 명이 다른 친구를 찾아 나선 모습이 보인다. 그 친구와 꼭 붙어서 밥을 먹고, 쉬는 시간마다 그 아이의 자리에 간다. 단짝임을 표시를 선물하는 모습이 보인다. 선물을 받은 친구는 은근히 이 상황이 불편하다. 3인조는 자기네끼리 뭔가 속닥거린다. 분리된 한 아이는 내 이야기를 하는 것 같다고 생각한다. 또다시 공정하지 못한 상황이 벌어지고 있는 것 같다. 공정하지 못한 싸움에 대해서는 선생님의 간섭이 필요하다. 공정하지 못한 싸움에 대해 그것이 왜 공정하지 못한가, 심지어 왜 비겁한 일인가를 알게 하는 것은 꼭 필요하다. 아이들은 공정한 싸움을 통해 문제를 해결하기도 하고 시간의 힘을 배우기도 한다.

교실에 눈이 와요

교실에 이면지와 필요 없는 종이들을 모았다. 관리실에 가서 오래된 신문지도 얻어오고 폐기할 잡지들도 모아서 아이들에게 작은 스트레스 해소 이벤트를 벌였다. 먼저 아이들에게 종이 한 장씩을 주고 학교생활에서, 집에서 속상했던 일을 모두 적어보자 했다. 선생님도 안 보고 누구에게도 보여줄 필요가 없으니 미운 마음, 속상한 마음, 평소에 하고 싶었지만 차마 못 했던 말 모두 적어도 된다고 했다. 오늘따라 예쁘게 머리를 묶어온 정연이가 묻는다.

"선생님 욕을 쓰고 싶은데 적어도 돼요?"

"그래? 그래. 오늘은 스트레스 해소 날이니까 어떤 말도 괜찮아."

갑자기 아이들이 종이를 더 달라고 난리다. 한 장으로는 부족하다며 종이를 더 받아 가는 아이들의 줄을 선다. 뭘 적는 것인지 연필 굴러가는 소리가 경쾌하다. 국어 시간 쓰기를 할 때에는 본 적 없는 웃음 띤 얼굴은 뭐란 말인가? 그래, 오늘 스트레스 확 날려보자.

"얘들아, 다 적었니? 지금부터 적은 종이를 공처럼 뭉쳐, 힘을 주고 팍팍 구겨버려."

아이들이 속상함의 종이를 힘을 주어 공처럼 구겼다.

"얘들아, 이제는 종이를 펴보자. 그리고 북북 찢는 거야. 속이 후련해지도록. 이렇게."

아이들 앞에 시원스러운 소리를 내며 종이를 북북 찢었다. 아이들이 마음속 깊은 소리를 지르며 종이를 북북 찢었다.

종이를 찢어버리자! 소리를 맘껏 내질러 보자~ 교실이 한바탕 난리가 났다. 조각조각 찢어진 종이를 머리 위로 날렸다.

종이가 솟구쳐 올랐다가 눈송이처럼 떨어지고, 떨어진 종이를 다시 주워 날리며 아이들이 춤을 춘다. 얼씨구나 절로 춤을 추는 아이들…. 소리 지르며 춤추는 아이들의 모습에서 떠오르는 두 글자… 해방.

그래, 미움으로 원망으로 슬픔으로 꽁꽁 묶인 마음아. 해방이다!

그 정도로 싫진 않아요

　세호는 정규를 참 싫어한다. 아주 노골적으로 싫어하는 티를 낸다. 그 아이가 벽에 걸린 시계를 볼 때도 내 쪽으로 보지 말라며 화를 낸다. 세호는 정규가 하는 모든 일이 다 싫다. 세호의 노골적인 싫다는 표현에도 정규는 별 반응이 없다. 그래서 그런지 세호가 정규를 만만하게 생각하는 것도 같다. 세호에게 정규를 왜 그렇게도 싫어하는지 물어보았다. 혹시 정규가 괴롭게 하는지, 아니면 내가 모르는 뭔가가 있는 건지…. 세호는 자기도 모르겠다는 듯 말이 없다. 내년에는 꼭 다른 반이 되게 해 주겠다고 말했다. 갑자기 세호가 그럴 필요가 없다고 한다. 그 정도로 싫진 않다며 같은 반이 되어도 상관없단다. 오히려 같은 반이 되기를 바라는 듯 느껴진다. 그렇게 미워했으면서 갑자기 정규의 존재가 다시 생각되어진걸까? 작년까진 친한 친구로 가깝게 지냈다는데…. 그들에게는 공통점이 있다. 세호도 정규도 친구들 속에서 약자에 속한다. 아이들이 달가워하지 않는 약점들을 가지고 있다. 이를테면 자기의 감정을 조절하지 못하는 행동, 부정적인 언사나 지나치게 느린 행동 같은 것들이다. 그럼에도 세호와 정규는 사람을 대하는 태도에 있어서 확연히 다르다. 세호는 다른 사람에게 함부로 하는 대하는 경우가 많고 정규는 다른 사람을 대할 때 예의를 지키려 한다는 것이다. 정규는 자기 감정을 남들이 허용할 수 있는 범위 안에서 표현하는 반면 세호는 감정이 상하면 때와 장소를 가리지 않고, 다른 사람들이 허용할 수 없는 범위를 자유자재로 넘나들며 폭발적으로 표현한다. 세호의 일방적인 공격에도 정규는 별로 타격을 받지 않는 것 같다. 그냥 무시하는 것 같기도 하고, "어쩌라고!" 하는 반응이다. 세호와 정규는 매 순간 교실에서 무시할 수 없는 존재감을 내뿜고 있다. 나는 세호가 자기 행동을 조금만 조절할 수 있기를, 정규가 질문을 하루에 열 번만 하기를 기대했다. 그렇지만 내가 바랐던 기대 수준은 그들 힘으로는 결코 해낼 수 있는 게 아니었다는 걸 깨닫는다. 자연의 거대한 힘과 맞서는 것이나 다름없는 것임을 인정하며 새로운 전략적 대응이 필요한 시기가 왔음을 느낀다.

어른이 되는 과정에서 그들은 앞으로도 끊임없이 사투할 것이다. 마치 밀림의 동물들이 그러하듯 살아남기 위해, 상처받지 않기 위해 사투할 것이다. 더 많은 위험과 도전이 있을 것이고 분명 그들의 사투는 더 뜨겁고 치열할 것이다. 그들은 약자이기 때문이다. 훗날 20년쯤 뒤에 그들은 서른쯤의 어른이 되어 있을 것이다. 그들은 어떤 어른으로 자라 있을까? 궁금하다. 그들의 앞날이 좀 더 평탄하기를, 그들의 여정에 행복한 날이 더 많기를 바랄 뿐이다.

너무 잘생긴 나

　우리 반에는 자칭 '너무 잘생긴 나'라는 친구가 있다. 수업 시간에 칭찬하고 싶은 사람, 자랑하고 싶은 사람, 누군가의 장점을 이야기하라고 하면 언제나 주제는 '너무 잘생긴, 귀염뽀짝, 큐티 핸섬한 나'이다. 늘 자기의 잘생김과 매력을 이야기하는 그 친구가 남에 대해 이야기하는 것은 대부분 부정적이라는 것은 아쉽기 그지없는 점이기도 하다. 국어 시간이었다. 마음을 전하는 글쓰기로 편지를 썼다. 아이들의 마음이 잘 녹아들기를 바라며 시간을 주고 원하는 친구들의 발표를 들었다. '너무 잘생긴 나'가 한참을 주저하다, 결심을 한 듯 손을 높이 든다. 부끄러운 듯 주저하는 표정과 허스키한 목소리로 첫 줄을 읽는다.

　"봉선이에게"

　아이들의 꺅~~~ 비명을 지른다.

　"1학기부터 너를 좋아했고, 지금은 그때만큼은 아니지만 그래도 좋아한다. 지금 고백을 하지만 네가 받아주든, 받아주지 않든 그건 너의 마음이다. 네가 받아주지 않아도 괜찮다. 난 다른 사람을 찾으면 되니까."

　그런 내용을 듣는 내내 아이들은 손발이 오그라드는 듯한 몸짓과 숨기려 해도 숨길 수 없는 설렘과 흥분으로 교차된 얼굴로 숨죽였다. 고백하는 '잘생긴 나'의 긴장과 고백당하는 아이의 당황스러움으로 교실이 꽉 찼다. 마음이 잘 전달된 짧고도 강력한 편지 낭독이 끝나고 교실이 아수라장이다. 어느 순간 아이들이 박수를 치며 한목소리로 외친다.

"사귀어라, 사귀어라!"

아~ 사춘기 소년들의 흥분과 소녀들의 설렘이 폭발하는 가을이다.

나는 나비

우리 반 아이들이 좋아하는 노래는 뭘까? 아이들이 재잘재잘 외치는 노래들을 칠판에 적었다.

아이브의 〈해야〉

양희은의 〈엄마가 딸에게〉

윤도현의 〈나는 노비〉

잉? 나는 노비? 나비를 노비로 잘못 적은 것이다. 칠판에 적힌 잘못된 글자에 아이들이 폭소를 터뜨린다. 윤도현의 〈나는 나비〉로 고쳐 쓰는 동안 아이들이 배꼽 빠지게 웃는다.

쉬는 시간 아이들은 한목소리로 〈나는 나비〉를 열창하고 흥을 참지 못한 몇몇이 교실 앞에서 춤추고 난리가 났다. 아이들의 세상은 오늘도 시끌벅적 클럽이다. 새파랗게 젊다 못해 파릇파릇한 아이들이 나의 세상을 맑디맑은 웃음소리로 채우고 있다. 그 맑은 웃음소리가 들리는가?

너의 진심이 느껴져

 우리 반에 말과 행동이 느린 친구가 있다. 너무 느려 기다려주기가 힘들다. 매시간 뭔가를 떨어뜨려 큰 소리를 낸다. 불필요한 질문을 수시로 한다. 몇 번을 설명한 것을 다시 질문한다. 은근히 짜증이 날 때도 많아서 그래서는 안 되지만 크게 한숨을 쉬며 대답할 때가 있다. 아이들도 그 친구를 별로 좋아하지 않아서 혼자 놀 때가 많다.
 "선생님, 누구와 누가 아무 이유 없이 수근이에게 시비 걸고 괴롭혀요."
 여러 명의 아이들이 맞장구를 쳤다. 쉬는 시간 아이들에게 어떤 일이 있었는지 자세히 물었다. 목격한 아이들 대부분이 부당한 괴롭힘이라고 느끼고 있었다. 나는 불같이 화가 나서 그 두 녀석에게 사실관계를 확인했다. 아이들은 순한 양이 되어 잘못을 순순히 인정했고, 진심을 담아 사과의 편지를 쓰기로 했다. 최대한 예쁜 글씨로 깊은 반성이 묻어나게 예쁘게 그림도 그려서 오라고 했더니 색색이 꾸미고 하트를 그려서 적어왔다.
 '이 녀석들 반성은 하는가 보군….'
 다시는 그러지 않겠다는 반성문을 보고 느리고 느린 아이가 만족스럽게 웃는다.
 "괜찮아, 다 용서했어."
 빛의 속도로 용서하는 아이. 힘들었을 텐데 …. 너무도 쉽게 괜찮다고 말하는 아이. 그 아이는 정말 괜찮은 걸까?

눈에 보이지 않는 숨은 보석이 그 아이 속에 있다.

감사의 고수

지난달부터 아이들과 감사 노트를 쓰고 있다. 매일 똑같은 감사를 적는 아이들에게 새로운 감사를 찾아내보자고 제안한다. 매일 똑같은 것을 앵무새처럼 감사하는 아이들은 감사가 일로 여겨지는 아이들일 거다. 감사는 얼른 해치워버려야 할 그냥 아침 활동 중의 하나일 뿐이다. 아이들이 좀 더 감사의 기쁨을 알 수 있게 하려면 어떻게 해야 할까? 감사 샤워를 시도해 봐야겠다. 내일 한 사람을 정해서 감사 샤워를 실시해야겠다.

어제 혜인이가 휴대폰을 잃어버렸다. 그럼에도 불구하고 감사하는 혜인이는 감사의 달인이다.

"나에게 공부에 집중하라고 잃어버린 휴대폰에 감사합니다."

감사의 고수 앞에서 '그럼에도 불구하고 감사하지 못한 나'를 반성한다. 감사의 고수 혜인이에게 감사를 배운다.

아이들이 시끄럽게 떠들지만 그래도 싸우지 않고 잘 지내니 감사하다.

감사감사감사… 생각해 보면 감사할 것이 천지다.

교과목에 대하여

우연히 시계를 봤다. 4시 44분. 퇴근 시간이 지난 줄도 모르고 바쁘게 일하다가 바로 444가 있는 이 시간에 시계를 보다니…. 하루를 돌이켜보니 요즘 숨을 쉴 시간도 없을 정도로 바쁜 것 같다. 7시 30분에 출근해서 4시 44분이 될 때까지 분 단위로 시간을 쓰고 있는 듯하다. 학기 초 본격적으로 교과서와 친해지기를 하고 있다. 교과서의 차례를 살펴보고, 교과서 속 캐릭터의 이름도 알아보면서 여러 과목을 훑어보기로 했다. 국어 시간은 부담이 없다. 아이들도 자유롭게 자기 생각을 말한다. 답이 없다는 것은 자유를 준다. 아이들의 모든 생각이 답이다. 수학 시간은 수학이 힘든 친구들을 기준으로 아주 낮추어 수업을 한다. 수학을 힘들어하는 친구들이 수학을 쉽게 따라올 수 있도록 신경 써가며 수업을 하려고 한다. 사회, 과학은 좋아하는 아이들보다 싫어하는 아이들이 많다. 왜 그럴까? 물어봐야겠다. 나는 과학이 싫다. 실험 도구며 미리 챙겨야 할 것도 많고, 그동안 전담 교사가 수업을 해온 터라 과학 수업에 대한 경험이 많지도 않다. 과학 전담 교사가 있어 정말 다행이다.

음악을 리코더로 시작해서 아이들이 리코더와 친해지는 한 주를 보냈다. 미술은 대부분의 아이들이 좋아하지만, 문제는 미술 시간이 아닌 시간에도 그림을 그리는 아이들이 많다는 것이다. 그래서 아이들의 책상 서랍 속, 사물함 속에서 불필요한 물건을 모두 정리하고 치우는데 한 시간 이상을 보냈다. 아이들이 수업에 집중하지 못하는 큰 이유 중 하나는 필요 없는 것들이 책상 위에 있기 때문이다. 그리고 강의식, 설명식 수업이 그 원인이 될 수 있다.

체육은 단연코 아이들이 좋아하는 1등 과목이다. 나라도 체육이 좋을 것 같다. 머리 아프게 뭘 외우지 않아도 되고 그냥 뛰고 놀면 되니 얼마나 좋은가? 아무튼 이 모든 과목을 아이들은 학교에서 배운다. 오늘도 수고하는 선생님과 아이들. 힘내라, 힘!

말하는 아이, 듣는 아이

아이들이 가고 텅 빈 교실에 앉아 있다. 떠들고 웃던 소리, 싸우고 울던 소리들이 바닥에 내려앉아 있다. 아이들에게 미안하기도 하고 고맙기도 하고 대견하기도 하고 속상하기도 한 여러 감정들도 그 소리들을 덮고 있다. 모둠을 정하고, 모둠 위주의 토의 토론 수업을 통해 수업의 주인이 아이들이 되도록 해야 한다. 우리 반 친구들은 정말 말을 많이 한다. 수업과 관계없는 말을 정말 많이 한다. 특히 남학생들이 그렇다. 어떻게 해야 할까 고민이다. 말을 많이 하는 친구들의 과한 발화력을 어떻게 긍정적으로 승화시킬 것인가? 말을 하는 친구는 혓바닥 아프겠다 싶을 정도로 너무해서 탈이고, 안 하는 친구는 목소리를 듣지 못할 정도로 안 해서 탈이고…. 반반씩 골고루 섞어놓으면 좋겠다 싶다.

말하는 능력만큼 중요한 것은 듣는 능력인데 말하는 아이들은 자기 말하기 바쁜 나머지 듣는 능력이 떨어지고, 말을 하지 않는 아이들은 자기의 생각을 드러내기 두려워하지만 잘 듣는 편이다. 그리고 보면 강점과 약점은 동전의 양면 같다.

나다움의 함정

_____ 답다, 스럽다.

내 이름에 책임지는 삶을 사는 것이 중요하다고 생각하며 살았다. 그 말속에는 사람의 말과 행동이 그 사람을 규정짓는다는 것을 전제한다. 사람의 마음이 말과 행동으로 표현된다는 신념이 그 기저에 있다. 그것은 일면 사실이기도 하다. 그러나 항상 그런 것이 아니라는 것을 깨닫는다. 사람은 마음과 달리 말하고 행동할 수 있다는 것, 심지어 말과 행동도 다르다는 것, 마음과 말과 행동이 일치하는 경우가 그리 많지 않다는 것이다.

설령 마음과 말과 행동이 일치되었을 경우라도, 상대방의 해석이 달라질 수 있다. 관계를 둘러싼 환경에 따라서도 말과 행동이 다르게 해석

되기도 한다. 관계를 둘러싼 수많은 변수를 무시하고, 나의 생각이 맞다고 착각하며 살고 있지 않은가? 수학 시간 확률의 조합을 찾는 것처럼 느껴진다. 나답다는 말은 아름답다는 말에서 왔다고 한다. 나답다는 것을 찾아가고 있다. 아이들에게 나는 어떤 나다움으로 존재하고 있는지 자문한다.

자극과 반응 사이

나를 자극하는 아이들의 행동이 있다.
- 수업 시간 중 머릿속에 일어나는 생각이 즉각적으로 말로 표현되는 아이
- 건성으로 "네~ 네." 하고 반응하는 아이.

("알겠고, 뭐 어쩌라고요. 아이고! 귀찮아 죽겠네. 또 잔소리…. 그만 좀 하세요."로 들린다.)

쉰이 넘은 나이에 열 살 갓 넘은 아이들과 씨름을 한다. 주위를 돌아보니 내 또래의 선생님이 교직을 떠나고 나는 어느덧 학교에서도 나이 든 교사로 상위 2, 3등을 차지했다. '이 나이에 내가 뭐 하는 짓이냐, 어린아이들과 그만 싸우고 싶다.'라며 학교를 떠나는 선생님을 보며 이심전심을 느낄 때도 있다. 그러나 나는 여전히 교실을 사랑하고 아이들

을 사랑한다. 아이들의 다양한 자극에 속에 천불이 날 때도 있지만, 속에 난 천불을 다스리는 법을 배운다.

"자극과 반응 사이에는 공간이 있다. 그 공간에는 당신이 어떻게 반응할지 선택할 수 있는 능력과 자유가 자리하고 있다. 그리고 당신의 반응에는 성장과 행복이 놓여 있다."

- 빅터 프랭클, 『죽음의 수용소에서』 중에서

나의 반응은 어떠해야 하는가?
아이들의 자극에 대해 즉각적으로 반응하지 말 것.
자극과 반응 사이의 공간을 가질 것.
그리고 어떤 반응을 할지 선택할 것.

나는 아이들의 도움이 필요하다. 아이들에게 도움을 요청하는 말을 하기로 한다.
"선생님이 화가 나려고 해. 지금 어떻게 해야 할까? 선생님 좀 도와줄 수 있을까?"
반장이 아이들을 향해 입술에 손가락을 대고 조용히 신호를 준다. 아이들은 차례차례 입술에 손가락으로 쉿! 신호를 준다. 아이들이 이렇게 나를 돕고 있다.

친절하고 단호한 선생님이 되는 것

『학급 긍정 훈육법 초등 실천편』을 읽고 또 읽는다. 책 속에 내용을 교실에 적용하고 나도 친절하고 단호한 교사가 되어가고 있다. 학교에는 친절한 교사들이 넘친다. 아이들은 선생님을 격의 없이 대하며, 심지어 교사의 이름 끝에 쌤을 붙여 부르기도 한다.

어떤 교실에서는 영화 〈우리들의 잃어버린 영웅〉 속의 엄석대가 존재하는 반도 있다. 아이들은 담임교사의 말보다는 엄석대의 말에 반응한다. 교실에서 힘의 논리가 작용하고, 힘없는 아이들은 안전하지 않다고 느낀다. 단호하기만 한 선생님을 찾아보기란 쉽지 않다. 아이들은 단호한 선생님을 두려워하는 면이 있다. 단호한 선생님의 말씀을 더 잘 따르며, 교실은 규칙과 질서에 의해 움직인다. 학급에 엄석대가 있다고 해도 숨어서 활동할 뿐이다. 선생님은 아이들의 잘못에 단호하지만, 아이들에게 따뜻함이나 정서적 안정을 주지는 못한다.

친절하지만 단호한 교사로 아이들이 불안하지 않으면서도, 규칙과 질서가 지켜지는 교실을 만들어가는 것은 쉬운 일이 아니다. 때때로 '왜 저한테만 그래요?' 하며 억울해하는 아이가 있다. 교사인 나도 그 말을 들을 때 억울하다. 마치 차별하는 것으로 들리기 때문이다. 누구에게는 친절하고, 다른 누구에게는 단호한 교사가 되고 있지는 않은지 돌아볼 일이다. 나는 친절하면서 단호한 교사의 어디쯤에 와 있나?

모든 욕구는 아름답다

 욕구와 욕구가 연결이 중요하다. 정연이의 자리에 쓰레기가 많다. "정연아, 쓰레기 좀 주워줄래?"라고 했다. "싫어요. 나중에 할 거예요." 한다.

 속에서 불편한 느낌이 꿈틀거린다. 느낌은 충족된 욕구 또는 충족되지 못한 욕구의 신호이다. 나의 어떤 욕구가 충족되지 못한 걸까? 비폭력대화 수업에서 배운 욕구 목록에서 나의 마음 속 충족되지 못한 욕구를 찾아본다. 수용과 지지가 내게는 중요한 욕구였구나 알아차려진다.

 이제 정연이의 욕구를 살펴보자. "싫어요."라고 말함으로써 아이가 얻게 되는 것은 무엇일까? 아이는 본인이 상처받고 있다는 것을 표현하고 싶었을까? 지금 말고 나중에 치우고 싶은 것, 정연이가 할 수 있는 소심한 반항이지 않나? 그 행동을 통해 보내고 싶은 메시지는 분명한 것 같다.

 '저 마음대로 하고 싶어요. 지금은 선생님의 요청을 들어주고 싶지 않아요.'라는 메시지 속에는 어떤 욕구가 숨어 있을까? 자율일까? 편안함일까?

 모든 행동에는 자신의 욕구를 충족시키려는 목적이 있다. 정연이의 욕구를 생각하면서 아이에 대해 스멀스멀 올라오는 서운함이 사라진다. 지금은 정연이가 자율적으로 쓰고 싶은 시간이구나 하고 넘긴다.

 "나중에 꼭 해. 알았지?" 돌아선다.

무능력과 무의지

　영어 전담 교사를 하면서 네 명의 원어민을 만났다. 운이 좋게도 모두 매우 우수하고 성실하며 인성 또한 훌륭했다. 그들과의 팀티칭 수업은 활기차고 역동적이었다. 한 시간의 수업을 위해서 본문 대화를 몇 번 들을지, 어떤 질문을 할지, 답변에 대한 보상은 어떻게 할지, 게임은 어떤 게임을 할지 매일 함께 수업 설계를 세밀하게 의논했다. 원어민이 파워포인트를 만들고, 나는 학습지 자료를 준비했다. 의논 과정에서 새로운 아이디어가 마구 쏟아져 우리는 이전에 없었던 새로운 시도를 하곤 했다. 당연히 수업에 대한 아이들의 반응도 매우 좋았다.

　우리가 자주 하는 말은 "우리는 한 팀이다."라는 말이었다. 서로의 노력을 잘 알고 있었고, 의견을 존중했다. 나이차가 꽤 났지만, 친구처럼 잘 지냈다. 그들은 아이들을 좋아했고, 하나같이 유능하고 잘 가르치려는 의지가 넘쳤다. 주변 어느 학교의 원어민 담당 교사는 수업 시간에 빙빙 돌아다니기만 하는 원어민 교사 때문에 애를 먹는다더라는 이야기가 들리면, 고개가 갸우뚱거려지기도 했다. 열정을 가진 동료를 만나면 나도 덩달아 열심히 재미있게 하게 된다.

　교직 22년 차다. 아주 가끔 이상한 동료 선생님을 만날 때가 있다. - 그쪽에서 보면 내가 이상하겠지만 - 한 팀이지만 언제나 잘 맞을 수는 없다. 삐그덕삐그덕 맞춰나가는 거지. 오늘도 주저리주저리 하다 퇴근 시간을 넘겼다. 아! 달콤한 퇴근이다.

출근 전 기도

아침에 출근 전 기도를 했다. 오늘 하루도 예수님의 마음으로 아이들을 사랑하게 해달라고….

아이들의 존재를 소중하게 여기게 하옵소서. 오래 참는 사랑, 온유한 사랑, 성내지 않는 사랑을 하게 하옵소서….

2학기 들어 계속 컨디션이 돌아오지 않는다. 오늘은 월요일이다. 마음의 온도가 저기압이다. 아이들과 함께 『묘지 공주』를 다 읽고 학교에 간다. 월요일 아침이라 맨발 걷기를 했다. 맨발로 운동장을 걷는데 9월 아침인데도 햇볕인 곳은 덥다. 아이들이 두런두런 이야기하며 맨발 걷기를 한다.

얼른 시원한 가을이 왔으면 좋겠다. 삶의 여유가 없어서인지 속에서 자꾸 화가 올라오는 것 같다. 아무것도 하기 싫은데 해야 할 일은 많은 것 같은 조급함이 밀려온다. 교사의 감정은 아이들에게 직접적인 영향을 준다. 그러니 내 감정을 잘 관리해야 한다. 억지로 웃어본다. 내 힘으로 사랑할 수 없을 때, 신의 힘을 빌려 사랑할 수 있기를 오늘도 기도한다.

비가 온다

막 피어난 꽃이 떨어질까 마음을 졸인다. 빗소리와 어우러진 음악을 들으며 교단 일기를 쓴다. 점심시간에 도서관에 들렀다. 읽고 싶은 책 두 권을 빌렸다. 마음이 부자가 된 것 같다. 책을 빌린 후 연구실에 잠시 앉아 있는데 아이들이 난리다. 연구실 창문으로 태호가 펄쩍펄쩍 뛰는 모습이 보인다. 얼른 나와 보니 싸움이 있었던 듯 교실에 놀란 아이들의 얼굴이 보인다. 말 빠른 재석이가 태호랑 장훈이가 엉겨서 뒹굴며 싸웠다며 말한다. 잠시도 쉬는 시간을 주지 않는 너희들을 격하게 빗줄기처럼 사랑한다. 이럴 때면 아주 여유롭고 침착한 얼굴이 필요하다.

1. 사태파악을 위해
   - 보고 들은 바만 이야기해 줄 수 있는지 물어본다. 두세 사람에게 듣는다.
   - 당사자에게 이야기할 기회를 준다.
     (혹시 사실과 다른 부분은 없는지, 더 알아야 할 내용이 있는지)
     * 감정이 격해져서 말할 준비가 되지 않았을 경우, 다음 기회에 말해도 된다고 말해준다.

2. 사태파악 후
   - 아이들이 그때 느꼈을 감정(놀람, 당혹스러움, 불안)에 대해 공

감한다.
- 그리고 싸움을 말린 친구들에게 감사를 표시한다.
3. 당사자에게 질문한다.
- 나의 잘못은 무엇인 것 같은지, 지금 어떤 생각이 드는지, 상대방에게 하고 싶은 말….
4. 서로에게 자신의 감정과 바라는 점을 이야기한다.
- 그러고 나면 대부분 쉽게 풀린다.

오늘도 그렇게 두 명의 친구는 기분 좋게 집으로 돌아갔다.

무력감에 빠진 날

내가 가르치는 아이들과 나는 무려 44년의 세월을 건너뛰어 만났다. 우리는 서로를 이해하기에 무리가 있다. 아이들을 사랑으로 보듬으며 가자고 마음먹어도 요즘 아이들의 행동이 무례하다고 여겨질 때, 무례한 것을 넘어 막돼먹었다는 생각이 들 때, 나는 내가 서 있는 이 자리에 더 있어도 될지를 고민한다. 어리니까, 생각이 거기까지 미치지 못했으니 저지를 수 있는 실수나 행동들이 많지만, 그 나이엔 그 정도는 기대할 수 있는 행동들이 있다. 가령 친구가 아플 때 걱정한다거나, 잘못한 일에 대해 사과한다거나, 식사할 때 지켜야 할 최소한의 예절 같은 것들 말이다.

친구가 울고 있는데 울음소리가 웃긴다고 말하거나 줄넘기를 하는데 "쿵쿵 소리 장난 아니다." 하면서 부끄럽게 한다거나

새로운 짝에게 대놓고 "재수없어."라고 하는 아이들. 타인의 존재에 대한 조심성이 전혀 없으며 자기행동으로 인한 타인의 불편함에 대해 아무런 자각도 없는 상태. 하루에도 수없는 거미줄 위를 줄타기하는 것 같다. 아이들은 교사를 닮는다는데 나에게서 문제를 찾으려 해보아도 어떻게 할 수 없는 무력감에 빠져든다. 터덜터덜….

우리 반 클래스

위클래스에서 하는 행사에 우리 반 친구들이 모두 참여했다고 반 친구들 모두에게 선물이 배달되었다. 앗싸~ 예쁜 감사 노트다. 오늘부터 방학 때까지 감사 노트를 진심을 담아 쓴 친구에게 시상을 하겠다고 선언했다. 아이들이 첫 장을 펴서 감사를 적는다. 나도 첫 장을 펴서 감사를 적었다. 감사하는 마음이 새록새록 피어난다.

첫눈이 와서 감사

맨날 싸우는 세호이와 재석이가 안 싸우니 감사

컵송을 열심히 연습하는 우리 반 친구들이 감사

아이들이 학급 도서를 잘 읽는 모습이 감사

몇 주 동안 나를 괴롭혔던 어지럼증이 나아져서 감사

아직 뇌압이 느껴지긴 하지만 심해지지 않아 감사

퇴근할 때 나를 데리러 와준 남편이 있음에 감사

집으로 돌아오는 길에 내 영혼의 소울푸드라 할 수 있는 미역들깨수제비를 먹을 수 있어서 감사

예쁘고 밝은 얼굴로 나를 반겨주는 딸이 있어 감사

오늘도 무탈함이 감사

오늘은 감사가 넘치는 날이다.

감사가 남다른 우리 반 클래스! 오늘도 내일도 감사로운 날이다.

우리 아이, 아이돌 될 건데…

학교마다 학교폭력 업무는 기피 업무 1순위다. 학교폭력 심의 업무가 학교에서 교육청으로 이관되었지만, 일선 학교 담당자가 겪는 어려움이 줄어든 것은 없는 듯하다. 학교폭력 신고가 들어오면 교육청으로 공문을 보내 알리고, 학교폭력 조사관과 조사 날짜를 조율하고, 학부모에게 통보해야 하는 일들이 고스란히 담당자의 업무다. 이 과정에서 관련

학생과 학부모들의 신경질적이고 날 선 반응들이 담당 교사에게 쏟아질 때가 있다. 양쪽 부모가 서로 날카롭게 대립하여 직접적인 소통을 거부한다면, 중간에 낀 담당 교사의 고충은 이만저만이 아니다. 학교폭력 업무를 자발적으로 맡겠다고 나서는 교사는 없다. 업무분담 과정에서 학교에 사정에 따라 맡겨진 경우가 대부분이다. 나도 내 의사와 상관없이 학교폭력 업무를 담당한 적이 있다.

여학생끼리의 다툼으로, 한 아이가 다른 아이를 SNS를 이용하여 비하하고 저격하는 메시지를 보냈다. 메시지를 받은 친구는 충격과 두려움으로 등교를 거부했다. 학교폭력 사안을 처리하는 과정에서 메시지를 보낸 아이의 부모는 아이가 학교폭력 사안에 연루된 사실만으로도 분노했다. 아이의 잘못이 무엇인지 보다, 아이의 잘못을 학교폭력으로 처리했다는 사실을 용납할 수 없었던 부모는 주말 저녁 나에게 전화했다.

"선생님, 선생님 이름이 정확히 뭐예요? 교육청에 전화하려고 하는데 선생님의 정확한 이름이 필요해서요."

협박으로 들렸다. '내가 교육청으로 전화할 건데 너 어쩔래?' 하는 메시지였다. 오래전 일이지만, 아직도 많은 교사가 이와 유사한 일들을 겪고 있지 않을까 나는 생각한다. 뉴스에 등장하는 교권 침해 사안은 1/100도 되지 않을 것 같지만, 교권 침해 사안에 강도가 점점 심각해지는 것 같다.

교권 보호를 위해 법이 개정되고, 교권 보호를 위한 제도적 장치가 마련된다고 하지만 여전히 일선 교사들의 어려움은 줄지 않았다. 학교마다 민원 대응팀이 구성되고, 민원 상담실에 비상벨을 설치한다는 것이 고작 대책이라면 대책이다. 학교 민원 대응팀이라는 것도 결국 담임이 아닌 다른 교사가 떠안아야 하는 구조이다. 현재로서는 악성 민원에 대해 교사를 완벽하게 보호하는 시스템은 없는 셈이다. 몇 해 전 공교육의 멈춤의 날, "우리는 가르치고 싶다."라던 교사들의 외침은 마음 놓고 가르칠 수 있는 교육 환경 조성의 절박함을 말해준다. 교육 당국은 더 깊이 교사들의 목소리를 들어야 한다.

지 멋대로 하고 지랄이야

"지 멋대로 하고 지랄이야!" 피구를 하다가 아이가 내게 던진 말이다. 심판의 아웃 선언에 폭발한 아이는 선생이고 뭣이고 이성을 잃고 얼굴이 시뻘게져서 시원하게 내뱉고는 코트 밖으로 나가서도 분을 삭이지 못해 씩씩거렸다.

'내가, 이 나이에 어린애한테 지랄한다는 소리까지 듣고 있네. 나 참….'

피구를 하던 아이들도 순간 얼음이 된 채 나의 반응을 살피고 있었다. 허탈감에 잠시 아이를 가만히 응시했다. 교실로 돌아온 아이가 부모에게 전화하며 고래고래 소리를 질렀다.

"내가 전학시켜 달라 그랬지? 어느 학교에 가도 이런 선생보다는 낫겠지, 이런 친구들보다는 낫겠지."

담임 교사와 친구들 앞에서 악을 쓰듯 내지르는 목소리가 복도를 달려 학교를 울렸다. 그냥 넘어갈 일이 아니라는 생각에 부모 상담을 요청했다. 문제는 부모의 반응이다. 아이의 볼을 쓸어 만지며 걱정 가득한 눈으로 아이에게 물었다.

"괜찮아?"

무엇이 괜찮은지 묻는 것일까? 아이는 아무 일 없다는 듯 웃는다. 하나밖에 없는 귀한 아이가 행여 담임 교사나 친구들에게 따돌림당했을까 걱정하는 걸까? 아이의 명백한 잘못에도 부모는 네가 잘못했다고 말하지 못한다. 아이의 눈치를 살피며 행여 심기를 상하게 할까 비위를 맞추고 있다. 아이는 왕이고 부모는 아이를 화나게 하지 않으려 애쓰는 모습에서 맥이 풀린다. 부모가 아이의 잘못한 행동에 대해 잘못이라고 말하지 못한다면 누가 아이를 가르칠 수 있을 것인가? 친절하고 단호한 태도는 교사에게만 해당되는 것은 아니다. 부모가 부모다워야 한다. 아이에게 행동의 한계를 가르쳐야 한다. 부모와 교사는 수레바퀴와 같다. 두 바퀴가 힘을 나눠 한 방향으로 가야 한다. 한 쪽 바퀴가 빠진 수레로 무엇을 할 수 있을까?

나 너 신고할 거야!

아침 등굣길 운동장에서 아이들이 싸운다. 얼른 달려가 무슨 일이냐고 묻는다. 알고 보니 울고불고 싸우는 아이들이 형제지간이다. 형과 동생이 집에서부터 학교에 도착할 때까지 토닥토닥 싸우면서 온 것 같다. 무슨 일이냐고 몇 번을 물어도 대답이 없다. 동생이 퉁퉁 부은 얼굴로 운동장에 들고 있던 손 선풍기를 냅다 패대기친다. 갈색 곰돌이 손 선풍기가 시멘트 바닥에 부딪히며 부서져 버렸다. 형은 아무 일 없다는 듯이 교실로 들어가 버리고 동생이 서러움에 북받쳐 목 놓아 운다. 누가 말려도 나는 울 거라고 다짐이나 한 듯이 아이를 어르고 달래도 소용이 없다. 멀어져가는 형의 뒷모습을 보면서 동생이 앙칼지게 내뱉는다.

"나 너 학교폭력으로 신고할 거야!"

형 동생 사이의 다툼도 학교폭력 신고로 해결하려고 하는 아이들. 아이가 내 지르는 소리에 아침부터 마음이 쓰리다. 아이들은 신고에 익숙해져 간다.

자식 많으면 고생만 한대요

초저출산으로 국가의 미래가 흔들린다. 출산장려책으로 돌봄 휴가,

육아시간, 다자녀 승진 가산점 등 다양한 정책이 도입되었다. 아이 셋이 모두 커서 벌써 성인이 되어버린 나는 너무 일찍 태어난 것을 후회한다. 초등 1학년 이하의 자녀를 둔 선생님들은 하루 두 시간 육아시간을 쓸 수 있어서 정해진 시간보다 두 시간 일찍 퇴근한다. 큰 학교에 가면 젊은 선생님들은 모두 퇴근하고 아이들 다 키운 경력이 좀 된 선생님들만 남아서 자리를 지킬 때가 많다. 조금만 늦게 태어나 결혼하고 아이를 낳았더라면, 육아휴직, 육아시간, 출산장려금 등을 다 누렸을 텐데… 참 아쉽다. 이참에 아이 하나 더 낳아볼까 하는 웃픈 농담도 하지만 텅 빈 학교는 쓸쓸하기만 하다. 결혼하지 않는 사회, 아이를 낳지 않기로 결정하는 젊은 부부들…. 모두가 큰 문제라고 말은 하지만 뾰족한 해결책은 보이지 않는다. 수업 중 저출산 고령화의 문제점에 대해서 배울 때 한 아이의 입에서 뜻밖의 말이 나온다.

"저는 결혼 안 할 거예요. 우리 엄마가 결혼하지 말래요. 애는 더더욱 낳지 말라고 했어요."

"맞아요. 자식 많으면 고생만 한대요."

살아가기 팍팍한 세상, 내 아이에게 팍팍한 삶을 물려주고 싶지 않다는 생각에서 한 말일까? 아이는 자연스럽게 저출산에 이바지할 마음을 먹고 있었다. 아이들을 낳아 마음 놓고 키울 수 있는 세상, 어린이가 좀 더 행복한 나라를 꿈꾼다. 저출산 고령화 대책을 조사하는 아이들의 눈망울이 반짝인다.

과부하… 이러다 큰일 나요

 아침에 구글 클래스 도구로 할 일들을 기록했다. 1교시는 전담 시간이라 아이들을 강당까지 인솔하고 메신저의 쪽지들을 확인했다. 쉴 새 없이 쏟아지는 쪽지들…, 안심 알리미 신청, 학습준비물 구매, 청소도구 구매, 동아리 부서 조직, 동아리 계획서 제출, 학급 임원 선출 계획, 교과연구회 조직, 과학 준비물 구입, 맏이 아동수 조사, 각종 업무 알리미의 홍수다, 마음을 차분히 가라앉혀야 한다. 이럴 때 필요한 것은 스피드인가? 안심 알리미 신청서가 배부되어 오늘 신청자를 받아 엑셀 파일에 작성을 했다. 오늘은 응급처치 동의서, 식품 알레르기 조사서가 나간다. 알리미로 대체할 수 있는 방법을 생각해 주었으면 좋겠다. 하루 종일 울려대는 메시지에, 카톡에 오늘도 정신이 없다. 나는 일하는 속도가 느린 편이다. 동학년 선생님들은 어찌 그리 일 처리 속도가 빠른지 감탄할 뿐이다. 청소용품, 학습 준비물 구입에 관한 엑셀파일을 작성하는 게 너무 싫어서 미루다 오늘에야 마무리한다. 어제 새벽 작성한 교원 연구동아리 계획서를 겨우 제출하고 물 한 컵 마시고 정신을 차려본다. 내 나이가 실감이 나는 날이다. 방학을 기다린다. 여름이 오니 방학도 온 듯하다. 아이들도 나도 이제 서서히 관계에서, 체력에서 에너지가 고갈되는 듯하다. 두 달 남짓 남은 방학이 멀게만 느껴진다. 해야 할 일은 산더미인데 너무 욕심을 부렸나 몸에 과부하가 걸렸다. 새벽 기상이 느슨해지고, 입안과 입술이 부르트더니 몰골이 눈뜨고 못 볼 지경이다. 내 몸을 먼저 돌보는 것에 치중한다. 이러다 큰일 나겠다는 생각이 들기도 해서…. 그래, 순리대로 천천히 하늘도, 땅도, 산도, 꽃도, 바람도 느끼며 천천히 걸어가자. 헉헉거리며 뛰어가기엔 세상이 너무 아름답지 않은가?

그렇게 방학이 온다

성적 처리 연수가 끝나기 무섭게 성적 입력모드로 전환했다. 과정 중심평가, 서술형 성적 입력으로 대한민국 선생님들의 글쓰기 실력은 가히 상상을 뛰어넘는다. 소설가 수준이라는 자평을 하는 대한민국 선생님들…. 이런 통지표를 받는 학부모들은 어떤 생각을 할까? 자녀의 성적표를 봐도 도통 뭔 소린지 모르겠다는 학부모들이 많다. 우리 아이에 대한 정확한 정보라고는 없는 것 같은…. 선생님의 입장에서 보아도 한 학기 동안 배운 내용 중의 아주 일부분을, 그것도 잘하는 것 위주로만 교과별 한두 문장으로 적는다는 것이 무슨 의미가 있는지 모르겠다. 아이가 뭘 잘하는지, 뭐가 조금 부족한지에 대한 정보를 담아내지 못하는 통지표 작성을 하며 내가 이게 무슨 짓인가 하는 생각이 드는 것은 나만의 생각이 아닐 것이다. 해마다 이맘때면 동료들의 입에서 나오는 소리다.

스물네 명의 학생의 활동 상황을 교과(10과목) 별로 한두 문장씩 적는다는 것은 480개의 문장을 만들어내야 한다는 것이다. 이를테면 '학급 회의의 절차를 이해하고 학급 회의에 적극적으로 참여하여 자기의 의견을 이유를 들어 발표함.' 같이 작성한다. 이 한 문장으로 아이의 성취가 짐작이 되는지 모르겠다. 아이의 총체적인 성장을 기술하기엔 턱없이 부족한 정보…. 그러나 선생님들은 학기 말이 되면 이렇게(참 비효율적이다 못해 쓰잘데기없다는 생각이 들 정도의) 정보 제공을 위한 글짓기의 늪에 빠진다.

 자율활동 누가기록 두 개, 종합 의견 한 개, 봉사활동 누가기록 두 개, 종합 의견 한 개, 진로활동 누가기록 두 개, 종합 의견 한 개, 동아리 활동 누가기록 한 개, 종합 의견 한 개, 스포츠클럽 누가기록 열일곱 시간 이상, 행동 발달 누가기록 두 개, 종합 의견 한 개. 물론 일괄 입력이라는 기능이 있어서 그나마 다행인 부분도 있다. 매 학기 말 이렇게 많은 문장의 글짓기를 해야 한다는 것을 교사가 아닌 사람들은 모를 것이다. 학급의 아이들이 스물네 명이라면 1,000개 이상의 문장을 만들어내야 하는 능력자들…. 그렇게 문장의 늪에서 정신을 잃을 때쯤 방학은 온다.

IV

함께 아이를
키우는 마음

IV. 함께 아이를 키우는 마음

학교, 어떤 곳이어야 하는가

학교는 어떤 곳이어야 하는가?

학교는 지루하지 않은 곳.

학교는 내 방식으로 배울 수 있는 곳.

학교는 해도 되는 것이 많은 곳.

학교는 못 해도, 틀려도 괜찮은 곳.

학교는 내 실수를 괜찮다고 말해주는 친구들이 있는 곳.

학교는 내 약점을 보여도 공격받지 않는 곳.

학교는 언제든 도움을 요청할 수 있는 곳.

학교는 웃어주는 사람이 많은 곳.

학교는 내 속도대로 가도 괜찮다고 격려해 주는 곳.

학교는 남과 달라도 괜찮은 곳.

학교는 친구들이 나를 싫어할까 봐 걱정할 필요가 없는 곳.

학교는 내 생각을 말했을 때 비난받지 않는 곳.

학교는 내가 나이여도 되는 곳.

오늘 우리가 꿈꾸는 학교는 어떤 모습일까?

교실이 이런 교실이기를 간절히 바라본다.

어떤 아이들에게 학교는 그저 반대의 모습일지도 모르겠다.

학교는 이기려고 경쟁하는 곳.

학교는 지루한 것을 참아야 하는 곳.

학교는 하지 말라고 하는 것이 많은 곳.

학교는 선생님에게 숙제 안 했다고 야단맞는 곳.

학교는 친구가 나에게 욕하고 짜증 내는 곳.

학교는 내가 모른다는 것, 못한다는 것을 숨겨야 하는 곳.

학교는 리코더도, 줄넘기도 잘 못하면 미움을 받는 곳.

학교는 남과 다르면 이상한 아이 취급받는 곳.

학교는 친구들과 같아지기 위해, 무리에 끼기 위해 애써야 하는 곳.

학교는 탈출하고 싶은 곳.

실상 아이들이 마주한 학교는 어떤 모습일까? 현실과 이상의 조우, 그 어디쯤 학교는 있을까?

학부모 상담

　학부모 상담 주간이다. 동료 선생님이 e알리미로 상담 신청을 받는 방법을 알려주어 수월하게 상담 일정을 잡을 수 있었다. 나는 미리 받아 둔 기초 조사표, 올해 꼭 이루고 싶은 목표 세 가지, 진단평가 결과표 등을 자료로 준비했다. 학년 초라 아이들의 가정에서의 생활, 1년 동안 학부모의 기대 등을 중심으로 학부모의 이야기를 듣는 쪽으로 방향을 잡았다. 열다섯 건의 상담 신청이 있었고, 하루에 평균 세네 건의 상담을 했다. 다섯 건의 방문 상담과 열 건의 전화상담으로 저녁이면 목이 쉴 것같이 느껴졌다. 학부모 상담을 하면서, 자녀에 대한 부모님의 관심과 사랑을 느낄 수 있었고, 아이를 키우면서 부딪히는 갈등과 육아 고민들을 들을 수 있어서 좋았다.

　10여 년 전 학교폭력 사건을 계기로 학생 및 학부모 상담이 강화되었다. 3월과 9월에는 학교마다 약간의 차이는 있지만 보통 일주일간의 상담 주간이 계획된다. 반 전체 학부모들의 상담 신청을 받고 상담 시간을 조율하는데 전화상담과 대면상담이 섞여 있다. 3월 학부모 상담에는 담임 교사가 학부모에게 학생에 대해 할 수 있는 말이 별로 없다. 아이와 만난 지 불과 2, 3주 밖에 지나지 않아, 아이의 학교생활에 대해 이렇다 저렇다 할 정도로 파악하고 있지 않다. 주로 아이에 대해 담임 교사가 알아야 할 사항들, 학부모의 고민, 학급경영에 대해 바라는 점 등을 학부모에게 질문한다. 또 담임 교사로서 학급경영 철학이나 학급의 중요 가치, 학급경영 중점 사항 등도 이야기한다. 그렇다 보니 학부모 상담 시간은 최소 30분을 넘어가는 경우가 많다.

2학기 학부모 상담은 담임 교사가 아이의 학교생활에 대해 많은 것을 알고 있는 상태에서 진행된다. 아이의 교우관계가 어떤지, 수업 태도, 학업 성취 수준, 기본 생활 습관 등 한 학기를 지나면서 담임 교사가 파악하고 있는 부분이 많다. 교사가 학부모에게 아이의 학교생활에 대해 좀 더 구체적인 상황을 두고 이야기할 수 있는 사례들이 많아서, 아이가 겪고 있는 어려움을 어떻게 도와주어야 할지를 함께 의논할 수 있다. 또 담임 교사의 관점에서 가정에서 아이의 학교생활을 어떻게 도와주었으면 좋겠다는 부탁을 할 수도 있다. 아이의 성장과 행복은 부모님과 교사의 공동 관심사이다.

잠 못 이루는 밤

교직 생활을 돌아보면 밤잠을 설치며 뒤척이게 했던 몇몇 사건이 있다. 꽤 오래 전의 일이지만 아직도 잊히지 않는다. 학급 서른 명의 학부모 중 스무 명이 넘는 상담 신청이 있었다. 전화상담과 대면상담이 30분 간격으로 촘촘히 짜여 있었다. 아이들이 하교한 뒤 교실 정리를 하고 상담 준비에 돌입했다. 학부모에게 책잡힐 만한 것이 없도록 교실 청소를 평소보다 더 신경 쓰며, 어떤 대화를 나눌 것인지 미리 메모하고, 누구 엄마와 몇 시에 예약이 되어 있는지를 체크했다.

퇴근 후 저녁 시간에 대면상담을 하고 싶다는 학부모도 있었던 때다. 대면상담을 하기로 한 어머니가 아무리 기다려도 오시지 않는다. 무슨 사정이 있으신가 싶어서 전화를 했다. 대면상담이 어렵겠다고 하셔서 전화로 이야기하게 되었다.

"여보세요. 네, 수지 어머니? 안녕하세요?"

"네, 선생님. 우리 수지 학교 생활이 어떤가요?"

아이스브레이킹도 없이 훅 들어온 질문이었다. 뭐라고 해야 할까? 사실 수지는 3월 한 달 동안 외로운 섬처럼 친구들과 말도 하지 않고, 웃지도 않는 아이였다. 무슨 이유인지 수지에게 다가가는 아이도 없고, 그렇다고 수지가 먼저 아이들에게 다가가는 법도 없었다. 3월이라 해도 꽃샘추위로 여전히 날씨가 쌀쌀한데, 수지는 양말도 신지 않은 채 등교하는 날이 많았다. 벗겨질 정도로 큰 실내화를 신은 수지가 맨발에 얇은 옷을 입고, 파란 입술을 덜덜 떨며 급식 줄에 서있는 모습이 자주 내 눈에 들어왔다.

"네, 어머니. 학교에서는 잘 지내요. 밥도 잘 먹고, 공부도 곧잘 해요."

"아~ 그래요? 또 뭐 힘든 점은 없나요?"

"어머니, 제가 3월 한 달 동안 지켜봤는데, 수지가 웃는 걸 한 번도 못

봤어요. 수지 얼굴이 좀 어두워요."

"아, 네…." 한동안 말이 없으시다가 잠시 후,

"그런데 선생님 어떻게 아이의 얼굴이 어둡다는 표현을 쓰세요?"

결국 아이의 얼굴이 어둡다는 표현 때문에 나는 큰 곤욕을 치렀다.

학부모는 분노하면서 교사 자격을 운운했고, 급기야 음악 수업 중 기악합주를 왜 억지로 시켰느냐며 따지고 들었다. 나는 음악 수업 중 모둠별로 기악합주를 했던 기억을 더듬었다. 수지는 캐스터네츠 연주를 맡았는데 못 하겠다고 했던 기억이 났다. 결국 그 모둠은 수지를 제외하고 나머지 친구들만 기악합주를 했다. 나는 자초지종을 설명했지만, 어머니는 믿지 않았다.

"똑바로 말해! 너 선생님이 기악합주 억지로 시켰어, 안 시켰어? 선생님이 시켰지? 너 했지."

격양된 목소리 너머 아이가 있다는 것을 알고 나는 경악했다.

"선생님. 우리 애는 기악합주 했다고 하는데요. 왜 거짓말하세요? 지금 당장 우리 집에 오세요. 삼자대면합시다."

나는 할 말을 잃었다. 어떻게 아이 앞에서 이럴 수가 있는가? 아이가 느꼈을 감정은 어떤 것이었을까? 내일이면 학교에 가서 선생님 얼굴을 봐야 할 아이는 어떤 심정이었을까? 분노한 엄마 앞에서 수지가 할 수 있는 선택은 무엇이었을까?

기악합주를 했다고도, 하지 않았다고도 할 수 없는 상황에 아이는 놓여 있었다. 교사가 자신을 한 부모라고 무시해서 이런 말을 하는 것이 아니냐며 흥분한 어머니는 인터넷에 올리겠다, 교육청에 전화하겠다, 선생질을 못하게 하겠다는 협박의 말을 서슴지 않았다.

"어머니, 지금부터 하시는 모든 말은 녹음됩니다. 그리고 변호사 사 시구요. 법적으로 대응하세요. 저도 변호사 사서 법적으로 대응하겠습니다. 저는 어머니가 생각하시는 그런 사람 아닙니다. 누가 한 부모라고 그 사람을 무시하는 그런 인격을 가진 사람이 아닙니다. 제가 더 신경을 쓰면 썼지, 저를 그렇게 판단하시는 것은 저의 명예를 훼손하는 일입니다. 제게 할 말이 있으시면 교실로 찾아오세요. 9시까지 불 켜놓고 기다리고 있겠습니다. 그럼, 이만 끊겠습니다." 수화기를 잡고 있는 손이 벌벌 떨리고, 식은땀이 났다. 학부모와의 상담이 어떻게 이렇게 끝났는지, 무슨 일이 벌어진 건지 넋을 잃고 앉아 있는데 전화벨이 울렸다.

"무슨 일입니까? 괜찮아요? 아이고."

수화기 너머로 교감 선생님의 걱정 어린 목소리가 흘러나왔다. 학부모가 교감 선생님께 전화한 모양이었다.

"그 학부모 내가 보니까 말이 안 통하던데⋯ 그냥 사과하고 넘어가는 게 편할 것 같은데."

사과라니, 내가 뭘 잘못했지? 도대체 내가 뭘 어떻게 했지? 억울함과 분노가 치밀었다. 아이의 얼굴이 어둡다는 말이 그렇게 큰 잘못인지 도무지 이해되지 않았다. 어둠이 깔리는 시간. 만일의 사태를 대비해 남편

Ⅳ. 함께 아이를 키우는 마음

을 학교 후문으로 불렀다.

"아이고~ 지금 혼자 있어요? 벌써 어두워지고 있는데… 내가 지금 학교로 갈까요? 혼자 괜찮겠어요?"

교감 선생님의 걱정 어린 전화를 끊고 9시가 넘도록 초조한 마음으로 교실을 지켰다. 어머니는 찾아오시지 않았다. 그 이후, 마치 아무 일도 없었다는 듯 며칠이 지나고 정말 아무 일도 일어나지 않았다. 만약 그 저녁 어머니가 찾아왔었더라면 어떤 일이 벌어졌을까? 만약 나를 아동학대로 고소하고 법적 조치를 취했더라면 어떤 일이 벌어졌을까? 몇 년의 시간이 흐르고 나서야 나는 그 학부모를 이해할 수 있게 되었다. 혼자서 두 아이를 키우고 있는 그 어머니의 고통, 첫째 아이가 학교에서 겪는 어려움을 둘째까지 겪게 되지는 않을까 하는 두려움, 이혼과 이사 등으로 혼자서 견뎌야 할 삶의 무게…. 지금의 내가 그때로 돌아간다면 좀 더 유연하게 대처하지 않았을까? 어머니의 감정적인 표현에 변호사 운운하며 맞서려 하는 대신, 표현 이면의 감정과 원하는 바를 찾으려 노력하지 않을까?

- 수지 어머니, 제가 수지 얼굴이 어둡다고 표현해서 많이 속상하신 것 같아요. 사과드리고 싶네요. 저는 수지가 친구들과 어울리지 못하는 듯해서 걱정이 됩니다. 수지가 친구들과 잘 어울리고 학교생활을 재미있게 했으면 좋겠는데, 어머님과 제가 수지를 어떻게 도울 수 있을지 같이 고민하고 싶어요. - 그때 이렇게 말할 수 있었더라면 어땠을까?

많은 교사들이 학부모 상담을 어려워하고 있다. 특히 학생의 학교생활의 문제점을 이야기할 때 매우 조심스러워진다. 대부분의 학부모는 매우 호의적이고 교사를 존중하는 대화를 하기도 하지만, 매우 공격적이고 방어적으로 대화하는 학부모도 심심치 않게 경험한다. 학부모와의 갈등으로 마음고생을 하고 밤잠 설치는 일을 한번 겪게 되면, 그 이후부터는 학부모와 대화, 만남을 피하게 된다. 학부모는 호의적이지 않다는 인상이 마음 깊숙이 자리 잡게 되는 것 같다. 학부모의 정당하지 않은 간섭과 요구, 불신 등으로 교단을 떠나는 젊은 교사들이 많다는 기사를 보면서 어쩌다 학교가 교사들에게 이토록 위험한 곳이 되었나 마음이 아프다.

학부모와 교사는 아이의 성장을 보며 함께 기뻐하는 존재다. 아이의 성장이라는 공동의 목표를 가진 동역자들이다. 아이를 사이에 두고 서로 대립하고 갈등하다 보면 아이의 성장을 기대할 수 없다. 상처받은 교사와 학교 교육을 불신하는 학부모, 눈치 보느라 불안한 아이만 남게 된다. 우리가 기대하는 교육은 어떤 교육인가를 돌아보아야 할 때이다.

자녀에 대한 두 가지 시선

선생님을 대할 때 자녀를 보는 부모의 두 가지 시선이 존재함을 본다.

하나는 자녀를 매우 긍정적이고 관대하게 보는 것이고 다른 하나는 자녀를 개선할 점이 많은 부족한 아이로 보는 시선이다. 자녀를 보는 긍정적이고 관대한 시선은 자녀에게 자유로움, 자신감, 자기 긍정의 마음을 심어준다. 그런 부모의 시선은 아이의 학교생활에 그대로 나타난다. 그러나 때로 제한이 없는 지나친 관대함은 큰 문제를 일으킨다. 부모의 지나친 관대함은 자녀가 때로 자신감과 잘난 체함의 경계를 넘나들게 만든다. 자기주장이 강한 것과 무례함을 구분하지 못하게도 만든다.

부모는 친절하면서도 단호해야 한다. 되는 것과 안 되는 것을 분명하게 말해줘야 하며, 그 이유에 대해서도 명확하게 설명할 수 있어야 한다. 그러려면 부모가 자녀를 양육하는 철학이 분명해야 한다.

자녀를 개선할 점이 많은 부족한 아이로 보는 두 번째 시선은 첫 번째 시선과 비교할 때 더 많은 문제를 일으킨다. 아이는 늘 주눅이 들어 있고, 무엇이든 허락받으려 하고, 자신의 결정에 확신하지 못하고, 자기 의견을 합리적으로 표현하기보다는 떼를 쓰거나 막무가내로 관철시키려 들기도 한다. 부모는 자녀와 부정적 의사소통을 많이 하는 편일 가능성이 크고, 때때로 양육에 일관성이 없는 경우가 많다. 부모의 기분에 따라 어떤 때는 괜찮은 행동이 어떤 때는 엄청나게 야단맞을 행동이 되기도 하기 때문에 아이는 부모의 눈치를 살피게 된다.

아이는 부모의 사랑과 격려를 먹고 자란다. 아이를 사랑하는 데 있어 지혜가 필요하다. 무조건적 사랑을 추구하지만, 제한 없는 사랑은 안 된다. 아이에게 행동의 울타리와 한계를 제공하는 지혜로운 사랑과 격려가 아이의 건강한 성장에 얼마나 중요한지를 느낀 상담 주간이었다. 우리는 아이를 어떤 눈으로 보는가?

아이들의 거짓말

"선생님, 지금 우리 아이가 거짓말을 한다는 말씀이세요?"

언론에 공개된 악성 민원 녹취록 속에 등장한 말이다. 내 아이는 절대 거짓말할 리가 없다는 확신은 어디에서 오는 것일까? 거짓말을 전혀 하지 않고 자란 어른이 있을까? 모든 아이들은 때때로 거짓말을 한다. 그렇다고 아이들이 모두 거짓말쟁이라는 의미는 아니다. 아이들이 거짓말을 할 수 있는 존재라는 것을 인정할 때 어른은 아이를 더 잘 이해할 수 있다.

아이들의 언어 발달 단계에서 보면 36개월이 지나면서 세 단어를 연결해서 문장으로 말하기 시작하고 이때부터 거짓말을 할 수 있게 된다. 이 시기 아이들은 꿈꾼 것과 생각한 것, 어제의 일과 오늘은 일을 명확히 구분해서 표현하지 못한다. 또 자기의 바람이나 생각을 마치 실제 일어난 일처럼 이야기하기도 한다. 그래서 이 시기의 거짓말을 뜻 없는 거짓말이라고 한다. 아이는 자기가 상상한 것을 아주 긴 이야기로 지어내기도 하고 새로운 세계를 창조하는 이야기꾼이 되기도 한다. 아이의 언어 사고력이 폭발적으로 발달하는 이 시기에, 부모가 아이의 언어 발달 과정을 이해하지 못하면 "거짓말하면 안 돼."라고 아이를 훈육하게 되고, 아이러니하게도 아이는 점점 더 거짓말을 반복하게 된다고 한다. 아이의 발달을 이해하지 못하고 아이를 볼 때, 아이는 그저 '거짓말하는 아이'로만 비칠 수 있다.

영유아기 아이들의 거짓말은 누구에게 해를 끼치기 위한 거짓말이 아니다. 유아기 나타나는 아이의 뜻 없는 거짓말은 첫 스토리텔링 시작의 신호이며 인지발달과 지능, 언어발달의 증거다. 아이는 무한한 상상력과 창의력을 발휘하여 스토리의 집을 짓는다. 부모는 아이의 뜻 없는 거짓말을 디즈니랜드 작가 탄생으로 경이롭게 바라볼 수 있어야 한다.

4~5세가 지나가고 옳고 그름을 구분할 수 있는 6세가 되면 거짓말에 대해서 적절한 훈육이 꼭 이루어져야 한다. 아이의 거짓말이 자신의 잘못을 덮기 위해, 남을 속여서 이득을 얻기 위해, 남을 곤경에 빠뜨리기 위한 것이라면 반드시 훈육이 필요하다.

우리 아이가 절대로 거짓말할 리가 없다는 부모의 확신은 매우 위험하다. 그것은 아이를 믿어주는 신뢰와는 본질적으로 다르다. 신뢰는 부모가 아이를 대하는 태도이지 아이의 말을 무조건 믿는 것이 아니다.

"우리 아이가 절대로 거짓말할 리가 없다"는 것은 아이의 존재에 대한 부정, 곧 거짓말하는 아이는 내 아이가 아니라는 의미로도 들린다. 부모의 확신이 강할수록 아이는 절대로 자신의 거짓말을 부모에게 들켜서는 안 된다는 것을 은연중에 안다. 거짓말이 드러났을 때 부모가 보일 반응, 더 이상 자신을 사랑하지 않을 것이라는 불안과 공포는 아이에게 견디기 힘든 고통이다. 아이가 얼마나 용감해야 자신의 거짓말이 거짓말이었다고 고백할 수 있겠는가?

두 마리 늑대

학부모와의 갈등이 있는 상태에서도 그 아이와 수업을 해야 하는 상황을 생각해보면, 그 상황은 교사에게도 아이에게도 쉽지 않은 일이다. 교사들은 학부모와의 갈등이 아이에게 영향을 미쳐서는 안 된다는 것을 잘 알고 있다. 왜냐하면 아이는 죄가 없기 때문이다. 교사도 사람인지라 자신도 모르게 그 아이를 피하게 된다. 행여 아이에게 무슨 이야기라도 했다가 또 어떤 항의 전화를 받을까 싶어서, 아이가 어지간히 잘못해도 못 본 척 넘어가거나 아예 훈육하지 않는다. 교사의 마음속에 두 마리 늑대가 말한다.

– 아이를 훈육하려다가 또 민원전화 받아야 할걸? 그 아이 엄마가 왜 우리 아이가 하기 싫다는데 억지로 시켰냐고 하면 어떻게 할래? 그냥 관둬. 하기 싫다고 하면 그냥 내버려둬!

- 아니야. 아이가 무슨 죄야? 아무리 하기 싫어하더라도 해야 할 것은 하게 하고, 안 되는 건 안 된다고 가르쳐야지.

그게 교사로서 할 일이야. 그냥 내버려두는 건 아이를 포기하는 거 아닌가?

- 그러다 너만 다쳐. 아이도 부모도 고마워하지 않는 일을 하려 하니?

두 마리 늑대가 마음속에서 싸운다. 어느 늑대에게 먹이를 줘야 할까?

교사는 경찰관이 아니다

여름방학식이 있던 날, 평소 똑소리 나고 리더십이 뛰어난 호준이 어머니가 갑작스럽게 방문했다. 무슨 급한 일일까? 오후 출장이 잡혀 있어서 긴 시간 상담하지 못하는데 어쩌지…. 하던 차에 호준이 어머니가 뒷문을 열고 교실로 들어섰다. 아이들이 막 나가고 정리되지 않은 교실을 급하게 이리저리 치우고는 책상을 마주하고 앉았다. 호준이 엄마는 밤새 잠을 못 잔 것 같았다. 어젯밤 학급의 다른 학부모에게 전화를 받은 모양이었다.

"우리 아이가 그 아이의 머리를 때렸다는 거예요. 그걸 본 그 아이의 누나가 때리지 말라고 이야기했고, 우리 아이가 "똑똑해지라고 때린 거야."라고 했대요. 제가 일단 미안하다고 사과했어요. 그런데 어제 저녁에 왜 그랬냐고 호준이를 혼냈는데, 애가 억울하다고 난리가 나는 거예요. 자기는 머리를 살짝 친 건 맞는데, "똑똑해지라고 때린 거야."라는 말은 절대로 한 적이 없다고. 자기를 믿어달라고요. 너무 억울해요. 왜 우리 아이만 이렇게 오해받아야 하는지…. 때린 것은 잘못한 게 맞아요. 그런데 하지도 않은 말을 했다고 하는 건 너무 억울해요!"

아이만큼 아니 어쩌면 아이보다 더 엄마가 억울해하는 것 같았다. 어머니가 담임 교사인 나에게 기대했던 것은 무엇이었을까? 무엇이 진실인지 진위를 가려주기를 바랐을까? 어머니의 편이 되어주기를 바랐을까?

교사는 경찰관이 아니다. 교육에 있어서 진위 공방은 도움이 되지 않는 경우가 대부분이다. 서로 자기 말이 맞다고 하는 상황에서 누가 거짓말을 하고 있는지 거짓말 탐지기를 들이대야 한다면 경찰서로 가야 한다. 학교는 갈등을 교육적으로 해결하는 곳이다.

"어머니, 호준이 입장에서 제일 중요한 건 뭘까요? 호준이에게 중요한 건 엄마가 나를 믿어주는 것인 것 같아요.

'그래, 우리 호준이가 속상하겠네. 엄마는 호준이 말 믿어. 우리 호준이가 그런 말 안 했다니 다행이다.'

하고 엉덩이 톡톡 해주시면 호준이 마음은 다 풀려요. 호준이 억울한 마음 어머니가 알아주시면 될 것 같아요.

누가 거짓말하는지 알아내려고 하다 보면 얻을 것이 하나도 없을 것 같아요. 호준이 마음이 완전히 풀어졌을 때 호준이가 친구의 머리를 때린 건 명백히 잘못한 일이고, 잘못한 일에 대해서는 용감한 사과가 필요하다는 걸 가르쳐야 할 것 같아요. 아이들의 감정을 보듬어주면서 어머니는 중심을 잡고 계시면 좋을 것 같아요. 아이와 같은 감정으로 뭐가 진실인지, 누가 거짓말을 하는지를 밝혀내려고 매달리다 보면, 호준이가 진짜 배워야 할 것을 놓치게 되는 것 같아요. 어머니 생각은 어떠세요?"

어른은 아이의 감정에 휘둘려서는 안 된다. 아이의 감정에서 한 발 물러서서 아이를 보듬을 필요가 있다. 아이의 감정은 아이의 감정대로 옳고 그르고를 따지지 말고 있는 그대로 수용하고 충분히 풀어주면 된다. 때론 함께 욕해주기도 하고, 아이 대신 분노를 터뜨리기도 하는 지혜가 필요하다.

처벌받으면 되잖아요

학교폭력을 한 아이가 처벌을 받았다. 미안한 마음이 없이 사과하고 반성의 마음 없이 반성문을 쓰고 자기는 해야 할 일을 끝냈으니 더 이상의 채무감 없이 이제 안도감을 누린다. 피해자는 여전히 억울하고 가해자는 여전히 당당하다. 처벌이 능사는 아니다. 처벌받은 것으로 자신의 잘못에 대해 책임지는 것으로 착각해서는 안 된다.

가해자가 무슨 잘못을 했는지, 자기 잘못이 누구에게 어떤 피해를 줬는지, 스스로 깊이 깨닫고 어떻게 그 피해를 회복할 수 있는지 돌아보고, 자신의 책임을 다하도록 공동체가 도와주는 것이 중요하다. 피해자가 자신이 입은 피해에 대하여 억울하지 않도록 회복을 경험하고 정의가 실현되는 것…. 그것이 아이들과 교사와 부모님과 사회가 도와야 할 일이 아닌가. 학교폭력은 관련 학생은 물론 공동체 전체에게도 큰 상처를 준다. 학교에서 아이들은 가해자가 되기도 하고 피해자가 되기도 한다. 혹은 가해자이자 피해자가 되기도 한다. 때로 교사도 그렇다 우리는 다 약한 존재들이면서 소중한 존재들이다. 서로를 향해 선한 마음, 존중의 마음을 가지고 그 관계 속에서 끊임없이 바르게 성장해야 하는 존재들이다. 안전한 공동체는 거저 주어지지 않는다.

평화서클 다모임

평화서클 다모임을 했다. 다모임은 아이들이 기다리는 시간이다. 다모임은 아이들이 모두 둥글게 원으로 둘러앉아서 서로의 얼굴을 보고 주제를 가지고 이야기를 나누는 것이다. 학급의 중요하게 결정해야 할 문제들이 주제가 될 때도 있고, 학급 안에 아이들 간의 갈등이 주제가 되기도 한다. 서클의 중앙에는 평화를 의미하는 센터피스를 놓는다. 센

터피스가 없을 때도 있지만 주로 이미지 카드나 꽃 등으로 장식한다. 마이크 모양의 동물 인형이나 아이들이 좋아하는 인형으로 토킹피스를 정한다. 토킹피스는 말하기의 권한을 주는 것이다. 토킹피스를 가진 친구만이 말할 수 있고, 다른 친구들은 그 친구의 이야기를 경청해야 한다. 토킹피스가 원 전체를 돌아가면서 나누는데 할 이야기가 없는 친구는 패스할 수 있다. 첫 번째 라운드는 그날의 기분이나 감사한 것을 나눈다. 두 번째 라운드는 칭찬과 격려하는 말하기로 한 바퀴를 돌린다. 세 번째 라운드에서 주제에 대해 자유롭게 이야기한다. 다모임 때마다 친구의 말에 경청하지 않고 장난치는 몇몇 아이들이 있다. 한두 아이의 행동이 다모임 전체 분위기에 영향을 미친다. 아이들이 많아서 시간도 많이 든다. 학급 서클 모임에서 다른 사람의 말을 경청하는 건 말하기 못지않게 사회 생활을 해나가는 데 있어서 중요한 자질이다. 공동의 문제를, 머리를 맞대고 지혜를 모아 같이 해결하려면 잘 듣고 자기의 의견을 건설적으로 말하는 능력이 필요하다. 평화서클 다모임은 그런 훈련임과 동시에 우리 학급이 평화롭게 유지되어 가는 비결이다. 먼저 아이들이 잘 경청하게 하는 문제를 어떻게 해결해야 할까? 그것이 숙제로다. 교실의 평화는 먼저 서로의 마음을 잘 듣는 데서 출발한다.

회복적 정의

　회복적 정의라는 말은 어쩌면 대다수 부모님께 낯설 것이다. 정의가 무엇인가에 대한 논의도 어려울 뿐만 아니라 학교폭력의 현장에서는 사실 여부도 혼란스러울 때가 많다. '회복'이라는 것도 말처럼 쉬운 일은 아니다. 마음에 연관된 문제는 풀기 어려울 뿐만 아니라 아무는 데도 오랜 시간이 필요한 일이기 때문이다. 인간이 살아가는 현실 속에서 개인과 개인의 관계 속에서 이루어지는 갈등은 너무나 자연스러운 것이다. 아이들은 싸움을 통해서 화해하는 법, 용서하는 법, 다른 사람과 어울려 잘 지내는 법, 존중하는 법을 배운다. 싸움은 나쁜 것이라기보다 배우는 과정이라는 걸 나는 아이들을 가르치면서 깨달았다. 평정심을 잃지만 않는다면 싸움은 가장 가르치기 좋은 기회이다. 나는 아이들이 학교폭력에서 가해자와 피해자라는 프레임에 갇히는 것이 아니라 이를 통해 성장하는 존재가 되길 바란다. 내가 사는 곳이 안전한 곳이구나 마음 깊이 느끼고 그리하여 그 안에서 사랑할 줄 아는, 책임 있는 어른으로 자라나길 기대한다. 우리 교실은 누구에게나 안전한 곳, 살맛 나는 곳이길….

다 달라서 좋다

우리 반 재석이는 에너지가 많은 아이다. 늘 돌아다니기도 하고, 말도 많이 한다. 혼잣말도 많이 하고 다른 아이들의 일에도 관심이 많다. 짝꿍이랑도 쿵짝이 잘 맞아서 수업 시간에 짝꿍이랑 떠드는 모습이 자주 보인다. 오늘은 재석이에게 경청 당번을 시켰다. 누군가 발표를 할 때나 선생님이 학생들이 조용히 하기를 기다리고 있을 때는 눈치껏 "경청!"이라고 크게 소리쳐 아이들을 집중시켜주는 역할을 맡겼다. 첫날인데 자기 역할이다 보니 아무래도 선생님에게 더 집중하는 모습이 보인다.

준하는 오늘 딱지를 어마어마하게 가져왔다. 수업 시간에 딱지를 하다가 내게 모두 내놓아야 했다. 준하가 억울해하지 않고 순순히 내놓는 모습이 대견하다. 그러고는 쉬는 시간에 종이로 접어서 써도 되느냐고 묻는다. 사랑스러운 아이다. 준하가 생글생글 웃으면 내 마음도 웃게 된다. 가끔 반항 섞인 장난을 할 때도 있지만 애교로 봐준다.

재석이는 글씨를 아무렇게나 갈겨쓴다. 갈겨쓰는 게 습관이 되어서 내가 지우고 다시 쓰라고 했더니 불만이 한가득이다. 오늘은 알림장 도장을 못 찍어 주겠다 했더니 정말 예쁘게 썼다. 이렇게 글씨를 잘 쓰는 친구인데 이왕 쓸 거 최선을 다해서 쓰자 했더니 동의가 되지 않는가 보다. 글씨를 쓸 때 최선을 다해서 쓰는 것이 왜 중요한지를 다시 한번 잘 이야기해 주어야겠다.

감사의 생활화를 위해서 노력한 보람이 있다. 아이들이 내게 다가와서 시키지 않았는데도 "선생님, 가르쳐주셔서 감사합니다. 선생님 감사합니다."를 자연스럽게 한다. 나도 아이들에게 "감사합니다."를 자주 한다. 기분이 좋다.

보람이는 수줍음이 많아서 발표할 때 말을 엄청나게 빨리 한다. 오늘 올해 무슨 일이 있어도 꼭 이룰 목표를 발표할 때 친한 친구 세 명을 사귀겠다는 발표를 했다. 보람이에게 우리 반 친구 모두가 친구가 되어 줄 준비가 되어 있다고 알려주고 싶다. 그냥 마음을 열고 부끄러워 하지 말고 다가가면 된다.

은빈이는 참 사랑스러운 아이다. 첫날부터 방글방글 웃는 얼굴이 여전하다. 급식을 먹을 때 앞에 앉았는데 "선생님 맛있게 드세요." 한다. 어찌 이리 예의바를 수가 있나…. 부모님을 주겠다며 길쭉한 비닐에 든 요플레를 챙겨 넣는다. 오늘은 엄마가 면접 보는 날이라며 재잘재잘 이야기를 하는 사랑스러운 은빈이.

아이들은 모두 다르다. 우리는 서로 다르다는 것 때문에 얼마나 갈등하는지 모른다. 세상에 나와 똑같은 사람은 하나도 없는데 다르다고 머리를 싸매고 힘들어한다. 남녀노소 할 것 없이 우리 각자 각자가 다 독특하고 고유한데 아이들에게 "너는 왜 다르니? 딸기를 좋아해야지 너는 왜 수박을 좋아하니?"라고 강요하지는 않는지 돌아볼 일이다. 다 다르다. 알록달록 달라서 참 좋다.

칭찬 샤워

아이들이 서클 모임을 하자고 한다. 둥글게 둘러앉았다. 감사를 나누는 한 서클, 격려하는 한 서클, 그리고 건의하는 한 서클…. 오늘은 어쩌다 보니 한 아이의 칭찬 샤워가 되었다. 아이들이 평소 하지 못했던 감사와 칭찬을 했다.

- 세호가 예쁘게 말해줘서 감사하다.
- 세호가 변화된 모습이 감사하다.
- 세호가 체육수업에 잘 참여하니 감사하다.
- 세호가 선생님을 도와줘서 감사하다.
- 세호가 …, 세호가 ….

평소 서클 모임에선 세호의 행동이 불편하다고 말하는 친구들이 많았는데 오늘은 모두 약속이나 한 듯 세호에게 벌떼 같은 칭찬을 쏟아붓는다. 칭찬을 듣는 세호가 함지박만 하게 웃는다. 얼굴이 보름에 뜬 달덩이같이 밝고 환하다. 칭찬이 세호를 춤추게 한다. 내 맘도 덩달아 둥실둥실 춤을 춘다. 아이들이 집으로 돌아간 후 조용한 교실에서 퇴근 전 한 통의 문자를 보냈다.

- 세호 어머니 안녕하세요?

 오늘 세호가 친구들에게 감사와 칭찬을 많이 받았답니다.

 세호가 예쁘게 말하기도 하고 예의 바르게 행동하는 면이 늘었어요.

학교생활에서 스스로 감정을 조절하고
수업 시간에도 잘 참여하기 위해 노력하는 모습이 많이 보입니다.
가정에서도 세호의 노력을 폭풍 칭찬해주세요.
오늘 하루도 평안하시길 바랍니다. –
늘 학교에서 온 전화에 가슴이 쿵! 했었을 세호 어머니도 오늘은 마음이 따뜻한 날이 되길 바라본다.

애들 보내고 뭔 할 일이 있나?

학교 담장 밖 사람들은 학교에서 일어나는 일을 잘 알지 못한다. 아이들이 얼마나 활발하고 목소리가 큰지, 교사들의 업무가 얼마나 많은지, 학교에서 1년에 쓰여지는 돈이 얼마나 되는지….

토요일에 동네 공원을 산책했다. 공원을 세 바퀴쯤 돌고 정자 툇마루에 앉았다. 서너 명 정도의 여자들이 왁자지껄 유쾌하게 이야기한다. 옆에 가만히 앉아 있자니 그들의 대화에 온 신경이 쓰인다. 아이의 학교 담임 교사가 어쨌다는 이야기들이 오간다. 그리 좋은 이야기는 아니다. 이야기 끝에 한 사람이 말했다.

"선생들. 자기들은 애들 하교하면 할 일 없잖아. 교실에서 할 일이 뭐 있노? 애들도 없는데." 씁쓸하다.

"저기요. 어머님. 애들 집에 보내고도 할 일 정말 많거든요. 모르셔서 하시는 말씀 같아요. 엄마들도 애들 학교 보내고 나면 할 일 없으신가요? 집안일이 많잖아요. 선생님들도 애들 집으로 돌려보내고 나면 다음 날 수업 준비하고, 업무하고, 학교 일하고 할 일이 너무너무 많거든요. 어떤 선생님들은 할 일을 싸들고 집으로 퇴근하거든요."라고 말할 뻔했다. 억울한 마음이 스멀거리지만, 쓸쓸히 공원 두어 바퀴를 더 돌고 집으로 돌아왔다. 앉은 자리가 다르면, 보이는 것도 다를 뿐이라고 생각하기로 하고….

좀 더 세게 말하면 전우

아이의 깊은 오열과 선생님으로서 감당하기 버거운 여러 상황…. 학부모의 협조가 필요하다는 판단에 전화를 걸었다. 무엇에 화가 난 것일까? 학교로부터 전화가 왔다는 사실 자체에 대한 분노가 느껴졌다. 학부모에게 도움을 요청하는 전화에도 부모는 언뜻 비난으로 받아들이고 선생님을 적대적으로 대하곤 한다. 그것은 아마도 오랜 시간에 쌓인 학교와의 부정적인 상호작용의 결과일 것이다.

학부모와 감정 카드로 오랜 시간 이야기를 하며 진심을 전달했다. 눈물을 쏟으며 돌아가는 학부모의 발걸음이 가볍다.

선생님과 학부모는 같은 목표를 가진 동지다. 좀 더 세게 말하면 전우다. 이 험한 세상에서 아이가 바르게 잘 크게 하기 위해 손을 맞잡고 전략을 세워야 할 협력 파트너이다. 그만큼 팀웍이 중요한 관계다. 그러나 현실은 아이를 가운데 놓고 마치 줄다리기를 하는 것 같은 느낌이 들 때도 있다. 함께 이기는 것이 불가능한 줄다리기…. 무엇을 위한 줄다리기인지 생각해 보아야 할 것이다.

오은영의 〈금쪽같은 내 새끼〉

　오은영의 〈금쪽같은 내 새끼〉는 내가 웬만하면 챙겨보는 프로그램이다. 참 다양한 유형의 금쪽이들의 모습과 부모의 양육 태도, 전문가의 진단과 금쪽 처방을 들을 수 있어 좋다. 아이의 말과 행동을 다각도로 관찰하며 심리검사와 상담을 진행하여 아이를 진단한다. 아이의 속마음을 들어보는 시간은 그중에서도 참 흥미로운 시간이다. 아이의 속마음을 들은 대부분의 부모가 한결같이 말하는 것은
　"모르는 줄 알았는데 다 알고 있었어요."
　아이들이 다 알고 있었다는 것은 어떤 의미일까? 무엇을 다 알고 있었다는 것일까? 부모의 고통? 부모가 나를 사랑하는지 아닌지? 그들은 알고 있다. 그리고 아이들은 한결같이 말한다.

'나를 사랑해 주세요.'

고사리손으로 눈물을 훔치며 울음 섞인 아이의 목소리는 간절하다. 그리고 비밀을 말하듯 주저하고 속삭인다. 무섭다고….

교실 속 아이 중에는 금쪽이들이 있다. 그 아이들에 대해 내가 아는 정도는 얼마나 될까? 마치 다 아는 듯 아이들의 말과 행동을 판단할 때가 많았던 것 같다. 그리고 쉽게 비난에 가까운 잔소리를 퍼붓기도 하지 않았던가. 그 아이들의 속마음 인터뷰를 상상해 본다.
'선생님. 저 좀 사랑해 주세요.'
'저는 선생님을 화나게 하려는 건 아니었어요.'
'집에서는 괜찮은 행동이 학교에서는 왜 안 되는 건지 몰랐을 뿐이에요.'
교사의 표정과 말 한마디에 아이들이 천국과 지옥을 오르내린다.

학부모 독서모임

공개수업 때 학부모 독서 나눔을 제안했다. 9월 마지막 주 목요일 두 명의 어머니가 오셨다. 심윤경 작가의 『나의 아름다운 할머니』로 시작했다. 나눔을 하며 아이들 이야기, 사는 이야기가 자연스레 나왔다. 자녀를 잘 키운다는 것은 무엇인가? 아이들에게 어떤 어른이 필요한가를 생각해 보게 하는 책이다.

  책을 통해 나눔이 더 풍성해지려면, 핵심 질문이 필요함을 느낀다. 아쉬움이 있기도 했지만, 아이들을 대하는 부모와 선생님의 입장에서 나를 돌아볼 수 있는 시간이었다. 날마다 어제보다 조금 더 나은 어른이 되어갈 수 있다면 좋겠다. 교사와 학부모의 만남이 책으로 풍성해지는 만남일 수 있다면 좋겠다는 생각을 했다. 책 내용을 함께 나누면서 우리의 교육이 어떠해야 하는지를 함께 고민할 수 있는 시간이었다. 교사로서 아이들을 대할 때의 고민, 학부모로서 자녀 양육에 대한 고민, 서로의 경험과 의견을 나누는 가운데 따뜻한 공감과 이해가 흐르는 것이 느껴졌다. 용기 내어 시작하기를 참 잘했다.

공개수업

  학부모 대상 공개수업은 선생님들에게 큰 행사다. 2교시에는 저학년과 전담 선생님 수업을 공개하고 3교시에는 3~6학년 담임 선생님 수업을 공개했다. 이제 20년 차가 되니 긴장되거나 떨림은 없다. 2교시에 저학년 교실 복도를 지나는데 교실마다 꽉꽉 들어찬 학부모들의 모습이 보인다. 아이들 수보다 훨씬 많은 학부모의 숫자, 그리고 아빠들의 모습이 많이 보인다. 이제 육아에 아빠들의 참여가 높아졌다는 방증이기도 하다.

우리 반 수업에도 아이들 숫자만큼은 되는 학부모들이 왔다. 아이들은 무척 긴장돼 보였다. 많은 사람 앞에서 주제에 관해 이야기해야 하는 부담감 때문이리라. 신이 나서 발표하는 아이들 틈에서 부모님이 아무도 오시지 않아 기운 빠진 아이들의 모습이 눈에 들어온다. 아이는 괜찮다고 해도 괜찮지 않을 것이다. 유년시절의 씁쓸한 기억으로 남을지도 모른다. '다른 엄마들은 다 왔는데 우리 엄마는 오지 않았어.' 바쁜 부모님을 이해해 보려고 하겠지만, 다 이해되지는 않을 거다.

학부모 통신(3월): 첫 메시지

개학을 앞두고 설렘, 불안, 기대가 뒤섞인 감정으로 첫 메시지를 보낼 준비를 한다. 학생들과 학부모도 이심전심의 마음이지 않을까 생각하며 아이들과 학부모의 마음을 상상해 본다. 도대체 우리 아이의 담임 선생님은 누굴까? 남자 선생님일까? 여자 선생님일까? 무서울까? 친절할까? 이런저런 기대와 걱정이 있을 것 같다. 나는 첫 메시지를 받을 나의 학생들과 학부모를 생각하며 몇 번을 썼다 지웠다를 반복했다. 메시지를 남기며 과거와 현재와 미래를 안고 올 아이들을 생각한다. 마음이 콩닥콩닥한다.

> 안녕하세요?
> ○○학년도 ○학년 ○반 담임선생님 ○○○입니다.
> ○학년 학생들과 학부모님 모두 반갑습니다.
> 설렘을 가지고 개학 날을 기다립니다.
> 학생과 선생님, 학부모가 함께 성장하는 1년이 되길 기대합니다.
> 학급운영과 관련된 자세한 사항은 등교 후 안내될 예정입니다.
> 첫날 준비물은 실내화, 필기구, 공책 두 권입니다.
> ○월 ○일 자녀들이 즐거운 마음으로 안전하게 등교할 수 있도록 해주시면 감사하겠습니다~

보내기를 꾹 누른 후 결승선에 선 긴장감을 약간 내려놓는다. 학급 소통창으로 클래스팅을 개설했다. 학급의 소식, 안내 사항, 알림장 등 SNS로 소통하기 위해서다. 클래스팅 개설을 알리며 좋아하는 시를 포스팅한다.

사람이 온다는 건
실은 어마어마한 일이다

- 정현종, 「방문객」 중에서

시인의 말처럼 사람과 사람이 만난다는 것은 어마어마한 일인 것 같습니다. 귀한 손님처럼 방문한 아이들을 마음의 팔을 활짝 벌려 환대합니다. 함께 할 일 년을 기대합니다.

학부모 통신(4월): 점수보다 중요한 것들

 봄비가 내립니다. 우리 반 교실 창밖으로 두 그루의 벚꽃이 팝콘 터지듯 꽃을 피웠습니다. 아이들의 함성이 떠나고 교실이 조용합니다. 오늘은 수학 1단원 평가를 했습니다. 시험을 치고 난 후 아이들의 소리가 요란합니다. 환호하며 즐거워하는 친구가 있는가 하면, 실수한 문제 때문에 아쉬워하는 소리도 들립니다. 아이들에게 점수는 중요한 것이 아니라고 말해주었습니다. 중요한 것이 무엇이냐고 아이들에게 되묻습니다. 아이들의 대답이 제각각입니다.
 "중요한 것은 꺾이지 않는 마음"이라고 답하는 친구,
 "중요한 것은 틀린 것을 아는 것"이라고 답하는 친구,
 "중요한 것은 실수를 통해 배우는 것"이라고 말하는 친구도 있습니다. 모두가 정답입니다. 아이들은 키 작은 선생님들입니다. 모르는 것을 배우는 것, 알아가는 기쁨을 배울 수 있다면 얼마나 좋을까요? 자존감이 떨어지지 않고, 계속해서 배우려는 의지와 힘을 낼 수 있도록 격려해주세요. 혹 아이의 점수가 기대만큼 나오지 않더라도 아이가 최선을 다했다는 것을 알아주시면 좋겠습니다. 모르는 것은 시간이 들더라도 배우

면 될 일입니다. 4월! 아이들도, 학부모님도 모두 감사한 일들, 행복한 일들이 한가득이길 바랍니다.

학부모 통신(5월 초): 사랑을 배우는 시간

1. 미술 시간

아이들과 함께 부모님을 생각하는 시간을 가졌습니다. 부모님께 우리는 어떤 아들, 어떤 딸일까?

세상 무엇과도 바꿀 수 없는 소중한 존재임을 생각하며 〈어버이 은혜〉도 함께 부릅니다. 카네이션을 만들고 색칠하고, 쿠폰도 만들어 넣습니다. 부모님 마음에 아이들이 소중하고 소중하듯 아이들에게도 부모님은 세상에 더없이 소중한 존재들입니다.

2. 쉬는 시간

아이들은 꾸밈이 없습니다. 뛰고 장난치고 소리치고 때로는 싸우기도 하고…. 그렇게 자랍니다. 아이스러운 솔직함과 자유로움이 아이들 속에 있습니다. 아이들이 〈어버이 은혜〉 노래를 부릅니다. "높고 높은 하늘이라 말들 하지만, 나는 나는 높은 게 또 하나 있지. 낳으시고 기르시는 어머니 은혜. 푸른 하늘 그보다도 높은 것 같애." 쉬는 시간에 화장실을 다녀온 친구들이 첫 번째 영상에 안 나왔다고 아쉬워하며 영상을 다시 찍자고 조릅니다. 자리를 마구 옮겨 다니고 싶어 하는 아이들을 진정시키고 다시 찍습니다. 노래하는 아이들의 얼굴에 행복이 가득합니다. 오리고 색칠하고 쿠폰을 만드는 동안 아이들의 얼굴에 미소가 있습니다. 부모님은 아이들에게 생각만 해도 기쁨입니다. 자유 쿠폰(아무거나 한 가지 소원 들어주기)을 하나 만드는 것이 어떠냐는 제안에 학원 다니기 싫은데 '학원 3년 더 다니기' 하면 어쩌냐면서 안 된다고 펄쩍 뜁니다. 다른 아이들도 고개를 끄덕이며 맞장구칩니다.

  집에 가기 전 감사를 나누는 시간을 가졌습니다. 발표하겠다고 너도 나도 손을 듭니다. 오늘은 감사한 것이 넘치나 봅니다. 감사를 말하려는데 울컥 눈물이 쏟아져 말을 잇지 못하는 아이도 있습니다. 아이들이 돌아간 자리에 잔잔한 향기가 남았습니다.

  "엄마가 나를 위해 해준 게 얼마나 많은데, 나는 맨날 짜증 내서 미안해요."

  "오늘 평소에는 잘 몰랐는데 엄마 아빠가 소중하고 감사하다는 것을 알았어요."

  오늘은 아이들을 꼭 껴안고 말로는 다 할 수 없는 부모님의 사랑을 표현해주세요.

학부모 통신(5월 말): 스물네 가지 빛깔과 향기

5월도 벌써 마지막 한 주를 남겨두고 있습니다. 이제는 햇볕 아래 서 있는 것이 힘든 더운 날씨입니다. 오늘은 교실에도 에어컨을 켰습니다. 어떤 아이는 덥다고 하고 어떤 아이는 춥다고 하고… 적정 온도에 맞추어 에어컨을 켭니다. 가만히 있어도 땀이 나는 날씨입니다. 그래도 아이들의 축구사랑은 변하지 않습니다. 땡볕 더위에도 아랑곳하지 않고 축구를 하는 아이들로 운동장이 꽉 찹니다. 우리 반 아이들은 유난히 축구를 좋아합니다.

"축구하러 학교에 온다."고 말하는 아이도 있습니다. 축구를 워낙 좋아하는 아이들이 많다 보니 게임을 하면서 다투는 일도, 다치는 일도 많습니다. 이기고 싶은 욕심에 태클이 깊어지기도 하고, 사소한 싸움이 교실에까지 이어지는 경우도 있습니다. 선생님이 축구를 못 하게 할까 봐 급하게 화해하는 모습을 보이기도 하고 다쳐서 몸에 밴드를 붙이고서도 축구하고 싶어서 안달하는 아이들입니다. 때론 싸우기도 하고, 상처도 나지만 그 속에서 아이들은 화해하는 법을 배우기도 하고, 금방 털어내는 것도 배웁니다. 날씨가 더워지기도 하고, 더 많이 다치는 일이 생길까 염려가 되기도 합니다. 가정에서도 다치지 않는 것이 가장 중요하다는 것을 한 번 더 지도해주세요.

1. 학교 화단 빈터에 아이들이 강낭콩을 심었습니다.

각자 한 알씩 심은 강낭콩이 벌써 한 뼘이나 자랐습니다. 몇몇 아이들은 등교하면서 매일 강낭콩을 확인합니다. 내 강낭콩의 싹이 났는지 안 났는지 궁금해하고 오늘은 어제보다 얼마나 자랐는지 살핍니다. 강낭콩이 쑥쑥 자라는 것을 보면서 우리 아이들의 내면도 쑥쑥 자랐으면 좋겠다고 생각합니다. 6월이 오면 강낭콩이 꽃을 피우고 열매를 맺게 될 것입니다. 이처럼 아이들이 각자 자기의 빛깔과 향기를 머금은 꽃을 피우도록 돕는 것이 부모와 선생님이 할 일이라는 생각을 다시 한번 하게 됩니다. 우리 교실엔 스물네 가지 빛깔과 향기가 있습니다.

2. 생존수영 체험 활동으로 분주한 한 주였습니다.

첫날 아이들이 옷을 갈아입고 씻고 하는 데 긴 시간이 걸리더니 시간이 갈수록 점점 빠르게 적응해 옷 갈아입고 정리하는 속도가 빨라집니다. 아이들이 나간 탈의실에는 수영모, 수경, 안경, 수영가방 등이 유실물들이 많이 나옵니다. 휴대폰과 그 외 자기 물건들을 못 챙겨서 다시 돌아가는 일도 있었지만, 무사히 안전하게 수영 체험이 끝나서 감사합니다.

3, 1년 동안 꾸준히 할 스피치를 시작했습니다.

아이들이 자기 이야기를 앞에 나와서 1분이 넘도록 주제를 가지고 이야기합니다. 오는 월요일에는 20년 후 어느 하루의 일을 상상해서 발표해 보기로 주제를 주었습니다. 20년 후 아이들은 30대가 되어 있을 그때를 상상하며 글을 써야 합니다. 그때 나는 어떤 일을 하고 있을지, 내 주변에는 어떤 사람들이 있을지, 그리고 20년 후의 어떤 하루는 어떤 일이 있을지 상상하는 것이 쉽지 않을 것입니다. 부모님과 함께 이야기하며 마음껏 상상의 나래를 펴볼 수 있으면 좋겠습니다. 부모님 30대의 모습이 어떠했는지 이야기해 주셔도 좋을 것 같습니다.

아이들이 진로와 장래 희망에 대해서도 생각해 볼 수 있는 기회가 되면 좋겠습니다.

학부모 통신(6월): 아이들의 마음 날씨

6월은 호국보훈의 달입니다. 나라의 소중함과 나라를 위해 목숨을 바친 순국선열들을 생각하며 감사하는 달이 되고자 합니다. 아이들이 각자 '내가 생각하는 아름다운 사람'을 정해 발표합니다. 지금까지 나폴레옹, 이태석 신부, 전태일, 백남준, 넬슨 만델라, 유관순 등의 아름다운 사람을 만났습니다. 친구들이 소개하는 사람들이 어떤 부분에서 아름다운지를 생각하면서 아이들은 이전에 알지 못했던 새로운 사람을 만나게 되고 진정한 아름다움이 무엇인지 생각해 보는 시간을 가졌습니다. 아직 발표하지 않은 친구들은 마더 테레사, 마리 퀴리, 김시돌, 손흥민, 이순신, 김만덕 등을 발표하겠다고 준비하고 있습니다. 누군가의 말처럼 사람이 꽃보다 아름답다는 것이 무엇인지 아이들과 함께 이야기해 보면 좋을 것 같습니다.

6월이 다가오니 선생님도 아이들을 어느 정도 알고 아이들도 선생님에 대한 파악이 끝났습니다. 아이들의 사소한 반항에 곤두서서 아이들에게 해서는 안 될 말을 했습니다.

"이제부터 친절한 선생님 기대도 하지 마!"

선생님이라는 권력을 아이들에게 휘두르는 순간입니다. 그렇게 내뱉어놓고는 마음이 편치 않습니다. 집에 가서 홧김에 내뱉은 말에 후회를 해보지만 이미 늦었습니다. 선생님이라는 권력을 이용하여 아이들을 존중하지 못했음을 반성합니다. 아이들은 선생님의 모습을 보고 '권력은 저렇게 사용하는 거구나!' 하고 잘못된 것을 배웠을 것입니다. 다음 날 아이들에게 어제의 잘못에 대해 사과합니다.

"어제 선생님이 화낸 거 미안해. 친절하지 않겠다고 한 것은 정말 어른스럽지 못했어. 그건 정말 어른다운 행동이 아니였어. 미안하다."

아이들이 금방 활짝 웃습니다. 저도 덩달아 웃습니다.

한 아이가 "선생님 웃는 모습이 좋아요." 하는 말에

"I like your smile too." 하고 저도 맞장구칩니다.

교실은 날씨 같습니다. 전쟁이 나기도 하고, 봄바람이 불기도 하고, 천둥 번개가 치기도 하고… 스물네 명의 아이들이 있으니 스물네 가지 날씨가 있는 셈입니다. 아이들에게 선생님의 날씨가 또 아주 중요합니다. 선생님의 날씨가 험상궂으면 아이들은 모두 우산을 쓰고 조용합니다. 그래서 선생님은 날씨 관리를 해야 합니다. 아이들의 날씨는 학교에서는 선생님의 날씨와 친구들의 날씨에, 집에서는 부모님의 날씨에 영향을 받겠지요. 우리는 모두 서로 영향을 주고받는 존재들입니다. 선생님과 학부모, 아이들 모두 서로에게 영향을 주고받습니다. 서로 좋은 영향을 주고받으며 함께 성장하기를 꿈꿔봅니다. 부모님도, 자녀도 맑고 화창한 주말 보내시길 바랍니다.

Ⅳ. 함께 아이를 키우는 마음

학부모 통신(7월): 아이들 꽃이 피었습니다

시원한 에어컨이 없으면 어떻게 공부할까 생각이 들만큼 더운 날입니다. 아침부터 축구하느라 땀에 흠뻑 젖은 아이들, 조용히 보드게임 하는 아이, 교실에서 삼삼오오 모여 수다를 떠는 아이들이 맨발 걷기로 한 주를 시작합니다. 월요일 아침 시간에는 독서를 하지 않고 맨발 걷기를 합니다. 오늘은 짧은 시간이지만 〈무궁화꽃이 피었습니다〉 놀이도 했습니다. 운동장 가득 아이들 꽃이 피었습니다. 아이들의 밝은 웃음이 운동장에 흩어지는 7월 첫날입니다.

1. 책 읽는 즐거움

월요일을 제외하고 나머지 요일에는 아침 독서를 합니다. 아이들은 저마다 다른 마음, 다른 모습으로 아침 시간을 보냅니다. 책에 완전히 푹 빠지는 친구가 있는가 하면, 가만히 앉아 뭘 해야 할지 몰라 하는 친구, 우유에 제티를 정성스레 타서 천천히 우유를 음미하며 마시는 친구, 미처 하지 못한 숙제를 하는 친구도 있습니다. 아침 시간 20분이라도 아이들이 책 읽는 재미에 푹 빠지기를 기대하는 마음이지만, 책 읽는 즐거움이 뭔지 모르는 친구들에게 책을 읽으라고 주어진 시간은 그냥 시간이 가기만을 바라는 힘든 시간인 것 같습니다. 어떻게 하면 책 읽는 즐거움에 빠질 수 있을까요?

책을 즐겨 읽는 어른들은 책 속에서 즐거움과 위로를 받아 본 경험이 있는 사람들입니다. '독서를 통해 내가 얻는 것이 있구나.' 하고 느껴본 사람은 독서의 힘을 알게 됩니다. 독서는 아이들의 경험을 넓혀줍니다. 경험할 수 없는 것을 경험하게 하는 것은 독서의 힘입니다. 아이들은 다양한 경험을 통해 세상을 배우고, 삶을 살아갈 지혜를 얻습니다. 아이의 수준에 맞는 책, 아이들의 흥미와 관심을 불러일으키는 재미난 이야기들이 있는 책을 찾아 틈날 때마다 아이들과 함께 시원한 도서관이나 서점으로 나들이를 해보는 것은 어떨까요?

2. 패들렛 독서 나눔

학급 릴레이 독서 책이 일주일에 두 번 돌아갑니다. 얇은 그림책도 있고, 두꺼운 동화책도 있습니다. 아이들은 매주 월요일과 금요일에 다음 번호 친구에게 책을 넘깁니다. 아이들이 책을 다 읽고 패들렛에 자기의 생각을 담은 짧은 소감을 남깁니다. 패들렛 주소를 공유합니다. 가정에서도 아이들이 읽는 책에 관심을 가져주시고, 다양한 독서 경험을 쌓을 수 있도록 격려해 주세요.

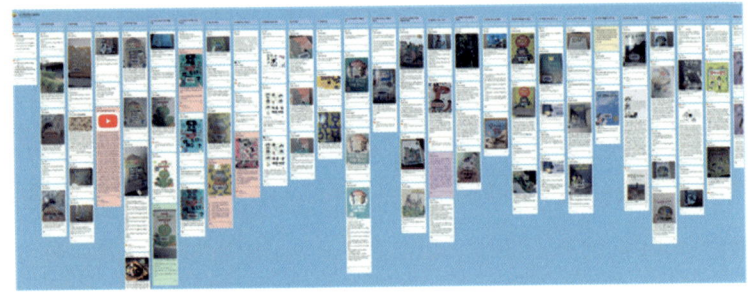

3. 모둠학습

　모둠학습으로 역할극을 하기도 하고 함께 주제에 대해 결과물을 내야 하는 토의도 합니다. 아이들은 대부분 모둠활동을 좋아합니다. 가만히 앉아서 듣기만 하는 선생님의 강의식 수업은 지루하기만 합니다. 아이들은 이야기하고, 활동하고, 참여하는 수업을 좋아합니다. 그래서 모둠활동은 생동감이 있습니다. 모둠에 주어진 미션을 수행하기 위해 아이들은 가위바위보로 역할을 정하기도 하고, 서로 다른 의견을 하나로 모으기 위해 애씁니다. 때로는 마음이 맞는 친구와 모둠을 구성하려는 모습도 보입니다. 잘하는 아이끼리만 모여서 하겠다는 것은 배움이 아닙니다. 아이들은 모둠활동을 통해 서로 돕고 협력하는 것을 배울 수 있습니다. 나와 생각이 다른 친구의 의견을 듣고, 양보하고, 나의 의견을 설명하고 상대방을 설득하는 기술을 배울 수 있기를 기대합니다.

4. 리코더 연주

벌써 아이들이 일곱 곡을 연주합니다. 선생님의 스틱이 네 번 울리면 아이들의 연주가 자동으로 흘러나옵니다. 이제 리코더 정도는 자신 있게 부는 아이들입니다. 리코더로 작은 성취감과 조화를 배울 수 있도록 격려해 주세요. 스물네 명이 함께 만들어내는 아름다운 하모니처럼 우리도 몸과 마음이, 나와 다른 사람이, 공부와 휴식이 조화로우면 좋겠습니다.

5. 미술 시간

우리 반에는 유독 그림 그리기를 좋아하는 친구들이 많습니다. 그러다 보니 아이들은 미술 시간을 기다립니다. 미술 시간은 아이마다 작품을 끝내는 시간에 많은 차이가 있습니다. 선생님의 설명이 끝나고 얼마 지나지 않아 다했다고 가지고 나오는 친구가 있는가 하면, 두 시간 동안 열심히 해도 시간이 부족한 친구도 있습니다. 아이들의 급하고, 느긋하고, 꼼꼼하고, 섬세한 성격이 미술 수업에 잘 드러나는 것 같습니다. 미술 시간에는 자리를 이동해서 함께 이야기하면서 미술 활동을 하기도 합니다. 다른 교과 시간에 비해 시간과 주제가 자유롭고, 자신의 성격대로 뭔가를 할 수 있는 여유가 있기도 합니다. 그래서 아이들은 미술 시간을 기다리는 게 아닌가 하는 생각이 듭니다.

6. 말, 말, 말…

　아이들도 어른만큼 스트레스가 많습니다. 아이마다 정도의 차이가 있겠지만 대부분의 아이는 공부, 친구 관계, 그 외 가족 간의 갈등 같은 것들을 이야기합니다. 공부를 잘하고 싶은데 하기 싫은 것, 친구들과 잘 지내고 싶은데 친구들이 나를 피하는 것 같은 느낌, 부모님이 내 마음을 몰라주는 것 같은 억울함과 섭섭함…. 학부모 상담을 하다 보면 자녀의 교우관계에 대해 걱정하는 부모님이 많습니다. 학교폭력 관련 뉴스를 접할 때마다 세상이 어쩌다 이렇게 무서워졌나, 혹시 우리 아이가 학교에서 따돌림을 당하는 것은 아닐까 하는 걱정이 되기도 하시겠지요. 아이들은 하루 중 대부분을 작은 교실에서 다른 아이들과 상호작용하며 보냅니다. 대부분의 상호작용은 대화를 통해 이루어집니다. "말 한마디로 천 냥 빚을 갚는다"는 말처럼. 좋은 관계를 유지하는 가장 좋은 방법은 말을 예쁘게 하는 것이 아닐까 생각합니다. 아이들에게 "누군가의 말에 화나거나 울었던 경험이 있는 사람?" 하고 물어보면 쉽게 그 경험을 떠올립니다. 심지어 1학년 때 있었던 이야기를 하기도 합니다. 그때의 감정이 고스란히 살아나서 조금 전에 있었던 일처럼 억울해하기도 합니다.

　보이지 않는 마음속 상처는 오래도록 깊이 남습니다. 아이들이 이렇게 말하도록 지도하면 좋을 것 같습니다. 첫째, 자기 생각을 분명히 표현하는 것을 가르쳐야 합니다. 특히 싫은 것은 싫다고 표현하는 것은 너무도 중요합니다. 부당한 요구나 부탁을 거절하는 것을 반드시 가르쳐야 합니다. 간혹 친구 간 관계가 깨어질까 봐, 내가 거절하면 그 친구가 나를 싫어할까 봐 두려워서, 아이들은 싫다는 말을 하지 못한 채, 부당한 요구에도 그냥 넘어가는 경우가 있습니다. 자녀가 싫은 것을 싫다고 할 수 있으려면 가정에서도 거절이 허용될 수 있어야 합니다. 내가 거절했을 때 나의 의사가 무시되지 않고 존중받을 때 거절의 중요성을 배우게 됩니다. 둘째, 친구를 존중하는 말이 어떤 말인지를 생각하면서 말하도록 늘 가르쳐야 합니다. 우리는 말과 행동으로 타인을 존중합니다. 부모님의 말씀을 통해, 선생님의 말씀을 통해 아이들도 자신이 존중받는지 아닌지 느낍니다. 아이들이 존중의 말을 듣고, 남을 존중하는 말을 할 수 있도록 가르쳐야 합니다. 세상을 아름답게 만드는 마법의 언어가 있다고 합니다. "고마워.", "미안해."입니다. 의외로 아이들은 이 두 마디의 말을 잘 사용하지 않습니다. 그런 마음이 없는 것이 아닙니다. 고마운 마음도 있고, 미안한 마음이 있지만 그것을 잘 표현하지 못합니다. 스스로 어렵지 않게 표현할 수 있으려면 자주 듣고, 자주 말하는 경험이 필요합니다. 부모님이 먼저 아이들에게 "고마웠어.", "미안했어."를 표현해 보면 어떨까요?

 7월이 오니 방학을 기다리는 아이들의 설렘이 느껴집니다. 아이들도 선생님도 학부모도 마법의 언어를 통해 서로에게 존중함이 넘치는 7월이 되길 기대합니다.

학부모 통신(11월): 첫눈이 왔습니다

오늘 첫눈이 왔습니다. 짧은 시간 펑펑 내리는 눈에 아이들이 흥분했습니다. 겨울이 오니 괜스레 눈이 기다려지는 것은 아이들이나 어른이나 같은 마음일 것 같습니다. 어른들이야 출퇴근길 미끄러울 것을 걱정하지만, 아이들은 눈싸움할 만큼 내리지 않는 눈이 아쉽고 야속합니다. 10월과 11월 두 달 동안 아이들은 생성 교육과정과 학예회 준비로 바빴습니다. 그 와중에 긴줄넘기 반별 대회도 있었고요. 나름 바빴던 몇 달이 눈 깜짝할 사이에 지나가고 어느덧 한 해의 마지막 달만 남았습니다.

1. 생성 교육과정

생성 교육과정은 아이들이 학교에서 가르쳐주지 않은 것 가운데 자신이 배우고 싶은 주제를 정해 열 시간에 걸쳐 스스로 계획하고 배우는 과정입니다. 아이들 스스로 처음부터 끝까지 해내야 하는 부담감이 있고, 무엇을 어떻게 해야 할지 몰라 많이 헤맵니다. 평소 학교 공부가 정해진 시간에 받아먹었던 음식이라면 생성 교육과정은 직접 쌀을 구하고 밥을 지어서 먹어야 하는 것으로 볼 수 있습니다. 직접 배움의 과정을 계획하고 수행해야 하는 과정을 거쳐야 하니 아이들이 가진 주도적 역량이나 의존적 성향들이 자연스레 드러나기도 합니다. 떡볶이를 만들어 훌륭한 레시피를 만들어보겠다는 팀, 친구들에게 보석 십자수를 만들어 모두에게 선물하고 싶다는 팀, 양모펠트나 열쇠고리를 만들어 점심시간에 팔고 수익금을 기부하는 팀, 3D 펜을 이용해 물건을 만들어 보겠다는 팀, 아이들은 저마다 주어진 목표를 이루기 위해 시간을 계획적으로 사용합니다. 그간의 활동 과정을 동영상으로 만들어 성취감과 아쉬움을 담아 발표합니다. 자기가 무엇을 배우고 싶어 하는지에 대해 고민하고, 목표를 정하고 계획하여 실행하는 힘은 결국 자신이 원하는 방향의 삶을 만들어내는 힘이 될 것입니다.

2. 꿈과 끼를 뽐내보는 학예회

부모님이 오시지 않는 학예회를 했습니다. 혼자 노래하겠다는 친구, 마술카드로 마술의 세계를 보여준 친구, 여럿이 책 속 이야기를 연극으로 만들어 연극무대를 보여준 팀, 피아노와 리코더 합주, 칼림바 연주, 오보에 리듬에 맞춘 노래, 한 호흡 챌린지 종목도 다양한 아이들의 장기가 펼쳐졌습니다. 교실을 우리들만의 축제 분위기로 꾸미고 마이크를 들고 터져나가라 노래도 하고 다 함께 춤을 추며 흥겹게 놀았습니다. 몇 분의 짧은 무대를 위해 아이들은 몇 주의 시간을 차분히 준비하였습니다. 중간, 중간 실수를 해서 연습 때보다 못했다는 생각에 실망하는 친구들도 있었지만, 잘하고 못하고가 중요한 것이 아니라 나에게 주어진 무대를 끝까지 해내는 것만으로도 뿌듯한 날이었습니다.

3. 학교생활에서 교우관계를 결정짓는 사회적 기술

친구들이 삼삼오오 모여서 놀 때 친구들 틈에 끼이지 못하고 주변을 맴도는 아이들이 있습니다. 둘씩 짝을 지어 활동할 때 아이들의 희망대로 정하다 보면 그 친구들은 짝이 없습니다. 그래서 선생님은 번호대로, 혹은 앉은 자리 짝꿍으로 활동하게 할 경우가 많습니다. 어른이나 아이나 사회 속에 여러 사람과 더불어 살아갈 수밖에 없습니다. 그러기 위해서는 사회적 기술을 배우는 것이 무엇보다 중요합니다. 인간이 지닐 수 있는 가장 중요한 기술입니다. 관계의 문제가 생기는 것은 사회적 기술에 있어 취약하기 때문입니다. 학교에서 가정에서 다양한 방법으로 사회적 기술을 가르치고 있습니다. 상대방의 의견에 동의하지 않을 때 흥! 하고 절교를 해버리거나, 기분 나쁘게 상대를 비난하며 "어쩔." 하고 가버리기도 합니다. 용서를 구하는 것 또한 쉬운 일이 아닙니다. 미래를 살아갈 아이들에게 어떻게 사회적 기술을 가르쳐야 할까요? 삶 속에서 보여 주는 방법밖에는 없을 것 같은데 쉽지가 않습니다. 과연 우리는 사회적 기술이 능숙한 어른일까요? 자신 있게 말할 수는 없지만 아이들에게는 모델링할 어른이 필요합니다. 결국 해답은 아이들을 둘러싼 환경인 부모, 선생님, 사회, 대중매체들이 먼저 사회적 기술을 잘 이해하고 사용할 수 있어야 할 것입니다.

4. 책 읽는 아이, 책 읽는 학부모

부모님이 책을 읽지 않으면서 자녀에게 "책 좀 많이 읽어라."라고 말한다면 아이들은 어떻게 생각할까요? 어떤 아이가 말했습니다.

"우리 엄마는 자기도 설거지 안 하고 미뤄놓으면서 나보고 숙제 미룬다고 뭐라 해요." 아이들의 말속에 뼈가 있습니다.

학급 릴레이 독서 활동을 계속하고 있습니다. 책에서 아직 재미를 느끼지 못한 아이들은 책을 읽는 게 그냥 고역일 뿐입니다. 2학기 들어 지금까지 열두 권의 책을 읽었습니다. 물론 열두 권을 모두 읽은 친구도 있고, 한 권도 읽지 않은 친구도 있습니다. 다양한 책 속에서 아이들은 다양한 인물과 상황과 사건들을 만납니다. 책을 읽으며 상상도 하고, 기대도 하고, 실망도 하고, 분노하기도 합니다. 저는 우리 반 친구들이 책을 통해 더 넓은 세상을 경험할 수 있었으면 좋겠습니다. 책은 부모님이나 선생님이 없을 때도 좋은 스승이 되어줄 수 있는 마술상자입니다.

Ⅳ. 함께 아이를 키우는 마음

학부모 독서모임을 세 차례 가졌습니다. 두세 분과 함께하는 시간이 즐거웠습니다. 책 속에서 위로받기도 하고, 서로의 생각을 자유롭게 나눌 수 있음이 좋았습니다. 두 시간에 가깝게 이런저런 이야기들로 시간이 어떻게 갔는지 모르겠습니다. 눈 내리는 겨울엔 뜨뜻한 아랫목에서 TV 대신 책을 보아도 좋을 것 같습니다. 그러다 잠이 들어 다시 일어나 졸다 읽다 졸다 읽기를 반복하는 한가하고 여유로운 겨울 오후를 그려 보면 어떨까요?

12월 독서모임을 기대합니다.

학부모 통신(12월): 삶의 힘이 되는 교육

학년말입니다. 아이들은 매일 조금씩 자랐습니다. 키와 몸무게만 자란 것이 아니라 마음도 생각도 자랐습니다. 아이들에게 지난 1년은 어땠을까요? 아이들의 삶이 행복했는지 물어보고 싶습니다. 또 살아갈 삶에 도움이 될 것이 있었는지는 그날이 되어봐야 알게 되겠지요.

교육은 삶의 힘이 되어야 합니다. 경북 교육은 삶의 힘이 되는 교육을 지향합니다. 교육이 삶의 힘, 에너지가 되고 있는지 자문합니다. 아이들의 배움이 삶과 동떨어져 있지는 않은지 그 배움이 삶에 적용할 수 있는 것인지 고민합니다. 학교에 오고, 방과후 수업을 하고, 학원에 가고, 집에 가서 부모님과 시간을 보내고, 다시 아침에 일어나 학교에 오고 다람쥐 쳇바퀴 돌듯 늘 똑같은 일상에서 배움은 지루하고 더디기만 합니다. 오늘 국어 시간, 수학 시간, 과학 시간에 배우는 것들이 과연 내 생활에 중요한 것인가? 이거 배워서 뭐 해요? 하는 생각이 들면 공부가 하나도 재미가 없습니다.

아이들에게 배움이 삶에 짐이 되는 현실에서 배우는 목적을 심어주는 것이 선생님에게는 어려운 과제이기도 합니다. 그러나 학생뿐 아니라 부모와 선생님이 꼭 분명히 해야 할 일이기도 합니다. 우리는 누구인가, 우리가 속한 시간과 공간을 이해하고, 우리 자신을 표현하고 삶을 조직하는 방법, 우리가 속한 지구공동체의 일원으로 더불어 살아갈 수 있는 능력을 키우는 곳이 학교입니다. 이를 위해 학부모와 선생님은 서로를 신뢰하고 학교의 교육이 가정과 연계되어 한 방향으로 나아갈 때 아이들은 건강한 사회의 일원으로 잘 자랄 수 있습니다. 나만 잘되면 되는 교육이 아니라 더불어 행복해지는 교육을 꿈꿔 봅니다.

에필로그

교사, 아이들과 함께 자라나는 존재

교실은 나 자신의 모습을 비추는 거대한 거울과 같다. 돌이켜보면, 교실에서의 시간은 아이들뿐 아니라 내게도 부족함과 서투름을 통해 성장하는 시간이었다. 말 그대로 좌충우돌 티격태격했던 교실은 나의 부족함을 마주하는 공간이었다. '어제보다 조금 더 성장하면 성공이다.' 아이들에게 했던 말을 스스로에게 하며 조금 더 나은 선생으로 서기 위한 애씀의 공간이었다. 나는 오늘도 아이들 곁에서 날마다 부서지고 다시 세워지기를 반복하며 함께 자라나는 여행을 한다. 나는 나의 작은 스승들 앞에 무례하지 않은 교사로 최선을 다해 살아내기를 소망한다. 학교에는 사람이 산다. 학교에는 내일을 향해 달려 가지만, 오늘의 소중함을 안고 사는 순수하고 맑은 영혼, 우리 아이들이 살고 있다. 또한 그 아이들 뒤에서 아이들에게 최선의 가르침을 주기 위해 고군분투하는 수많은 선생님이 살고 있다. 학교에 살고 있는 아이들과 선생님의 좌충우돌 오늘이 반짝반짝 내일로 이어진다는 것을 나는 안다.

선생이라는 이유로 받는 과분한 사랑

대여섯 명의 아이들이 정글짐에서 올라앉아 있다. 뭐가 그리 재미있는지 연신 웃음이 그치지 않는다. 조퇴하고 평소보다 일찍 나가는 나를 보며 소리친다.

"선생님, 어디 가요?"

"어, 선생님 일이 있어서 오늘은 일찍 가."

"선생님, 저도 데려가요. 선생님, 어디 아파요? 아프지 마요."

빙그레 웃으며 종종걸음으로 돌아서는 나에게 아이들이 저마다 한마디씩 한다.

"선생님, 사랑해요." 뒤에서 들리는 소리에 코끝이 시큰해진다.

'선생이라는 이유로 내가 이렇게 과분한 사랑을 받고 있구나!'

학교라는 공간에서 만나 아이들이 퍼주는 느닷없는 사랑 고백에 행복해질 수 있는 것, 교사의 특권이다. 22년간 나에게 과분한 사랑을 주었던 아이들, 그들이 나에게 보여주었던 관대한 용서와 친절에 감사한다. 세월이 지나고 먼 훗날 아이들은 나를 어떤 선생으로 기억할까? 소망이 있다면 '언제나 내 편이었던 선생님. 나를 진심으로 응원했던 선생님.'으로 아이들이 나를 기억해 주었으면 좋겠다. 선생님에게 야단맞은 기억보다 사랑받은 경험을 안고 그들이 살아간다면 참 좋겠다.

"얼마나 크게 될지 나무를 베면 알 수가 없죠. 바람이 보여주는 빛을 볼 수 있는, 바로 그런 눈이 필요한 거죠."

제주 소년 오연준이 불렀던 노래 〈바람의 빛깔〉을 부르며 학교라는 소중한 공간을 채우는 이들을 마구마구 응원한다. 학교 안에서 모두가 행복한 큰 나무로 성장할 수 있기를…. 화이팅!

끝으로 보잘것없는 원고가 책으로 엮어질 수 있도록 도움을 준 이들에게 감사의 인사를 전한다. 꼼꼼히 읽고 세세한 조언을 해준 미다스출판사와 편집자님, 시간을 내어 원고를 읽고 추천의 글을 기꺼이 써주신 선생님들께 감사드린다. 실수투성이 교단 일기가 누군가에게 위로와 공감이 된다면 더 바랄 것이 없겠다.